GÜNTER BRUS

W0305986

© 1986 Museum moderner Kunst, 1090 Wien, Fürstengasse 1, und bei den Autoren
Herstellung: Residenz Verlag, Salzburg und Wien / Layout: Walter Pichler
Gesamtherstellung: F. Sochor, Zell am See
Printed in Austria
ISBN 3-7017-0447-3

Günter Brus
Der Überblick

Herausgeber:
MUSEUM MODERNER KUNST WIEN
HILDEGUND AMANSHAUSER / DIETER RONTE

Mit Beiträgen von
GÜNTER BRUS
ARNULF MEIFERT
DIETER RONTE
GERHARD ROTH
PETER WEIBEL

Residenz Verlag

Foto: Isolde Ohlbaum

DIETER RONTE

Günter Brus

Wenn Leidenschaft Leiden schafft und wir dies als ein Diktat für die künstlerische Existenz eines Mitbürgers akzeptieren, so ist Günter Brus ein Künstler par excellence.

Brus ist nur aus dem Kontext eines nationalen, österreichischen Kunstwollens zu verstehen, wenn auch der Künstler längst alle nationalen Grenzen gesprengt hat, da er heute zu den Großen der internationalen Szene zählt.

Diese Internationalisierung hat nicht bewirkt, daß der Umgang mit der Kunst von Brus einfacher und transparenter geworden ist. Im Gegenteil: Brus hat sich immer weiter verkompliziert, verschachtelt. Aus der Ein- und Aus-Verpuppung hat sich die Larve zur Puppe in der Puppe evolutioniert. Selbst Darwin in seinen realistischen Äußerungen konnte diese extrovertierte Entäußerung der Ästhetik nicht strukturell formulieren. Künstlerische Gene entziehen sich der rationalen Bindung, wenn Potenz vorliegt. Der Kokon wirkt als Brandsatz und Bombe. Brus zeigt Resultate von offenster Hemmungslosigkeit in bezug auf Empfindungsbereitschaft auf, verletzende Spannungs-Aggressivitäten, die der Künstler wie kaum ein anderer umsetzen kann, ohne bürgerlich determinierte Grenzen des Geschmacks zu respektieren. Die Kunst von Brus heißt: Durchbrechung von Tabus, Herausschleudern des Individuums, Feier der Subjektivität, existentielle Konsequenz bis hin zur Gefährdung der Person, Überdimensionierung der eigenen Persönlichkeit; zugleich Schutz der Familie, Recht auf Privates; Hervorgezerrtwerden in die Öffentlichkeit, Brutalität in der Rezeption, Aggression in der Produktion, äußerste Produktivität, In-sich-Kehren, Introversion und Anspruch auf Publikum, Schaffen-Müssen und Verkaufen durch Leben, Individualität und Professionalität, vom Rand her Agieren, um das Zentrum zu treffen, Bogenschießen vor der Beruhigung, Zen ohne Meditation. Der eigene Körper wird bis zur »Zerreißprobe« eingesetzt und gefährdet.

Brus entspricht damit dem bürgerlichen Kunstideal, das den Künstler jenseits der gesellschaftlichen Verantwortung verankert, ihn in seinen Zwängen und innersten Verzweiflungen öffentlich stimuliert, um ihn gleichzeitig zu verdammen; in der Hoffnung, daß aus dem sich nicht integrierenden Mitglied unserer wertvollen Gesellschaft sich in der Zukunft eine kapitale Basis entwickelt, welche die engagierte Sammelleidenschaft eines einzelnen integriert und honoriert.

Die Beschäftigung mit Brus bedeutet, die eigenen Standpunkte immer wieder zu hinterfragen, sich selbst auszuloten. Der Künstler ist so gewichtig, seine Aussagen sind so bedeutsam, daß sie das rezipierende Individuum als Partner des Künstlers nicht zur Ruhe kommen lassen. Brus bewirkt Anbetung ebenso wie Verdammung, Bekenntnis ebenso wie Suche, Passivität wie Deklarationsbereitschaft, Verhalten wie Aktion. Brus, um es kurz zu formulieren, reißt mit äußerster Brutalität jene Verdeckungen, Vergrabungen auf, die wir in weiser und psychologischer Voraussicht uns selbst geschaffen haben. Deshalb ist Günter Brus Herausforderung.

Alle Texte, die bisher über Günter Brus geschrieben worden sind, bezeugen die Auseinandersetzung mit der Existentialität unseres Daseins. Die verwendeten Begriffe verlieren sich in einer Fluchtbewegung in jene extremen Bereiche menschlichen Daseins, die das Individuum in das elitäre Bewußtsein erheben, das ihn mit all seinen verdrängten Wunschvorstellungen, Hoffnungen und Phantasien mit testamentarischer Kraft nicht zum Tier degradiert, sondern geradezu zum Menschen erhebt.

Dabei versteht sich Brus nicht als Agitprop-Maler, nicht als Programmatiker, sondern als ein Mitglied einer Gesellschaft, die sich der Vielfältigkeit künstlerischer Ausdrucksweisen bewußt ist. Dennoch führt die Positionierung von Günter Brus, damit seine Kraft und Aussagefähigkeit, immer wieder zum Anstoß zur rezeptiven Rebellion, zum Widerspruch, weil das Prinzip einer Avantgarde-Kunst, die In-Frage-Stellung in sich, die Recherchen für die Zukunft, nicht akzeptiert wird. Günter Brus steht in der alten österreichischen Tradition der Künstler, die als Doppelbegabung nicht nur ein malerisches Œuvre hinterlassen, sondern zugleich, des Wortes mächtig, sich als Schriftsteller und Dichter betätigen. Nehmen wir also Günter Brus beim Wort, folgen wir nicht seinen komplizierten, Konflikte komplizierenden Linien und Farbgebungen, unterwerfen wir uns seinem linearen Wortdiktat. In dem Kurzgedicht »Dr. Quak« heißt es:

»Der Mensch besteht aus drei Absichten:
1. Zu sein
2. Daran zu zweifeln
3. Den Heuschreck zu begrüßen, ehrergebenst.«[1]

Mit diesen wenigen Zeilen bereits diktiert Brus seine Intentionen in äußerster Verkürzung; jene Abbreviationen, die seine Texte strukturell formulieren, die aber nicht in seinen

ausufernden Malereien einen autonomen visuellen Partner in unmittelbarer Dialektik auffinden. Der Mensch besteht nicht aus Hoffnungen, Wünschen und Glauben; er besteht aus Absichten, aus Wollen. Der Mensch hat seine Projektionen, seine Zielvorstellungen. Diese jedoch sind nicht a priori und primär von Freudschen Energien durchströmt. Er ist da, wird unschuldig geboren, in die Welt gesetzt, er darf sein.
In typisch österreichischer Depression darf er seinen Optimismus nicht entwickeln, sondern er muß zweifeln. Cogito ergo sum, als hoher Anspruch und Grundlage menschlichen Daseins und humaner Entwicklung, in der Verkürzung und Limitierung zugleich, als Einschränkung, Reduzierung, Geknechtetsein, er hadert mit dem eigenen Ich, die Zwietracht bewirkt Leben.
Das, was übrig bleibt, heißt das Wilhelm-Tell-Syndrom zu akzeptieren, den Geßler-Hut zu grüßen; der Heuschreck steht für die Staatsmacht, für die Ordnung, das Übergeordnete, das Ergebenheitsadressen entgegennimmt.
Diese kurzen Sätze von Brus entspringen ureigenster Erfahrung, sein konsequentes Handeln im Sinne des Wiener Aktionismus hat ihm Gefängnis eingebracht, Emigration. (Die Rückkehr wurde erst dadurch möglich, daß durch Vermittlung des Bundespräsidenten die Haft- in eine Geldstrafe umgewandelt wurde.) Doch Günter Brus grüßt weiter, ergebenst, den Heuschreck, doch er ist Teil geworden des Spiels, er provoziert weniger, doch seine Zeichnungen bleiben dennoch Protest und Rebellion: Schutz der Familie und seiner selbst; dennoch Ausdruck von Aufschrei, kubinscher Fabulierangst, aufklärerisches Wollen ebenso wie Ver- und Zer-Zeichnung.
Damit sind wir im Focus der österreichischen Situation, die das Œuvre von Günter Brus zutiefst geprägt hat. Die Zweite Republik hat in den vierziger, fünfziger und sechziger Jahren auf ästhetische Innovationen mit den Mitteln der Jurisprudenz reagiert. Günter Brus als Aktionist hat dies am eigenen Leibe erfahren. Am besten analysiert hat es der österreichische Schriftsteller Gerhard Amanshauser, der 1976 diese gesellschaftliche Konstellation genau beschreibt: »Wenn das Getriebe um seiner selbst willen in Gang gehalten wird, und jene, die sich reibungslos einfügen, die Gerechten und Maßgerechten sind, dann müssen die Künstler notgedrungen aus jeder Praxis ausscheiden und sich dem Ganzen entgegenstellen. Sie finden sich wieder unter den Feinden des Getriebes, den Kriminellen, Anarchisten und Irren.
Sie können geistig kriminell genannt werden, weil sie die eingefahrene, automatische Sensibilität zersprengen wollen. Gelänge dies nämlich in größerem Ausmaß, was natürlich nicht geschehen kann, dann müßte das Leben, wie es ist, zusammenbrechen. Ihre geistige Kriminalität ist also formal gesehen verwandt mit der konkreten und materiellen von Einbrechern und Dieben, die ebenfalls, wenn ihr Einfluß wesentlich größer wäre, das Getriebe zersprengen würden. Bei der geringen Wirkung aber, die Außenseitern möglich ist, reduziert sich alles auf kleine lokale Störungen: Die Einbrecher derangieren ein wenig den Geldumlauf, verhelfen den Besitzern da und dort zu einem spontanen Gefühl, während die Künstler bestenfalls entsprechende Wirbel im geplanten Ablauf der Sensibilität und hie und da einen Schock bei den Besitzern der geistigen Werte bewirken.«[2]
Diese Definition von künstlerischer Avantgarde war ohne das Wirken von Günter Brus nicht möglich. Brus als der Künstler, der das Avantgarde-Postulat nach der Durchbrechung der Dunkel-Zonen so ernst genommen hatte, daß er sich selbst ebenso wie seine Familie und letztlich auch seine Freunde gefährdete. Er verläßt seine tachistischen Zeichnungen und entwickelt Skizzen zu Aktionen, die er dann mit äußerster Radikalität durchführt, getragen von dem Bild, Kunst wieder in das Leben zu integrieren. Verständnis stellt sich ein, wenn man die österreichische Kunstmentalität, die Konsumationsstrukturen der Gesellschaft in bezug auf bildende Kunst kennt.
Die Zweite Republik ist in ihrem Rezeptionsverhalten der bildenden Kunst noch stark von den k. u. k. Strukturen der Monarchie geprägt. Daraus resultiert eine besondere Neigung und Hinwendung zur Kunst und Kultur mit Ereignischarakter. Oper, Theater und Musik können seit Jahrhunderten ein reich ausgebildetes Gepränge entfalten. Die bildende Kunst aber, die den einzelnen mehr fordert als das in seiner Chronologie und sozialen Nachbarschaft bestimmte Verlaufen von Kultur zur »Delectierung der Bevölkerung« (Maria Theresia), verlangt das republikanische Gegenüber, den anderen, der bereit ist, seine Energie einzubringen, um selbst den Ablauf des Dialoges zu bestimmen, Wissen und eigene Sinnlichkeit in die vorgegebene Vorlage der bildenden Kunst zu integrieren.
Der Aktionismus von Hermann Nitsch und Günter Brus hat dieses auch im Bezug auf Öffentlichkeit besonders intensiv verstanden und zu realisieren versucht. Zwar zunächst als ein Unterfangen, bildende Kunst, sprich die Malerei, in ein Ereignis zu überführen. Günter Brus betont im Gespräch immer wieder, wie wichtig die Entscheidungen über die Farbe waren, wie die malerischen Konzepte die Aktion durch und durch beeinflußt haben: Malerei als Ereignis, als gesellschaftliches, soziales ebenso wie als Affront und Tabu-Durchbrechung; nicht aber im Sinne einer prinzipiellen medialen Aufbrechung, wie es die Bewe-

gungen von Happening und Fluxus versucht haben. Der Wiener Aktionismus versteht sich aus dem spezifischen Kunstwollen, Malerei unmittelbar in die Ereigniskultur überführen zu müssen.
Die Verweigerung der Gesellschaft, diese Schritte zu akzeptieren, und die Verfolgung der Künstler haben zu dem Phänomen geführt, daß eine demokratische, westlich orientierte Republik die Künstler in die Emigration verbannt hat, die jene Berliner Gruppe österreichischer Künstler kreiert hat, deren »Regierungsorgan« die »Schastrommel« war. Erst in den letzten fünfzehn Jahren ist es gelungen, Künstler, darunter auch Günter Brus, wieder in das Land zu integrieren, ihnen jene Freiheit zuzubilligen, die sie für ihre subjektive, individuelle künstlerische Produktion benötigen.
Die Voraussetzungen dazu hat die Gesellschaft selbst erschaffen, eine neue Liberalität ist eingezogen, nicht, weil die Künstler im Endeffekt auf weitere Aktionen verzichtet haben (die letzte Aktion von Günter Brus ist die »Zerreißprobe« in München, 1970), sondern weil das Land die Erfahrung machen mußte, daß der Verzicht auf ästhetische Entwicklungen, ästhetisches Know-how letztlich zur Ausblutung führt. Diese Konflikte sind bis heute nicht ausgetragen, aber sie haben sich in ihrer Schärfe relativiert.
Diese soziale Zwangslage hat bei vielen Künstlern zu Kompromißbereitschaft geführt, bei den starken Individuen zum Durchdenken der eigenen Position in bezug auf das Ausland geführt, bedingt auch dadurch, daß in den sechziger Jahren keine große internationale Sammlung in Wien permanent angesiedelt war (das Museum moderner Kunst wurde 1979 gegründet). Der Wunsch nach internationalem Renommee, die Begrenztheit in der Republik, sowohl mental als auch wirtschaftlich und geographisch, der gesellschaftliche Druck einerseits, die nicht durchgeführte Vergangenheitsbewältigung andererseits, haben einen Pluralismus favorisiert, der viele Sonderleistungen hervorgebracht hat, aber bereits heute im Rückblick auch als besonders repressiv verstanden werden muß.
Dies erklärt die Orientierung der herausragenden Künstler in der weltweiten Szene, den Versuch, das eigene Land zu vergessen, um international zu reüssieren. Nicht in dem Sinne, daß der Prophet im eigenen Lande nichts gilt, sondern aus der Lebens-Notwendigkeit heraus, überleben zu müssen. Im Berliner Exil veröffentlicht die ästhetische Exil-Regierung das »Regierungsorgan« »Schastrommel« — chasser la vie. Die Gejagten werden selbst zu Jägern, um überleben zu können. Brus hat diese Situation in Analogie mit dem Schriftsteller Ernst Jandl: »Rot — ich weiß — rot«[3] als Maler wie folgt verbalisiert:

»Neue Malerei in Österreich.
Die Geschichte der österreichischen Malerei ist undenkbar ohne die der Erzählung, des Auslandes und der SELBSTFARBE.
In der Tat läßt sich nicht leugnen, daß eine WIRKLICHE österreichische Malerei unentwegt an VERUNREINIGUNG leidet.
Will österreichische Malerei a u s l ä n d i s c h sein, so ist sie hübsch.
Will sie so sein, wie sie an sich ist, so ist sie dreckig — und der Maler selbst ist eine HUNDSSAU.
Will der Maler Österreicher irgendwie sein, so ist er sogleich AUSLÄNDER.
Hat er im Ausland Erfolg, so ist er nicht sogleich ÖSTERREICHER.
Aber ich befreie BURMA!«[4)]

Diese wenigen Zeilen sind eine präzisierende, klassische Charakterisierung des Künstlers durch sich selbst. Brus betont die Erzählung, das Ausland und als cogito ergo sum die Selbstfarbe, die für die Ver-Farbung des ego steht, die Einfärbung des Körpers als Bildträger, die Verkörperung der bildlichen Aktion. Er spricht von dem Zwang zur Erzählung, der analogen Umsetzung, der Parallelaktion, wie es Musil in seinem Roman »Der Mann ohne Eigenschaften« benennt, das Umschreiben der Dinge, nicht das analytische Vorgehen, das rationale Konstrukt als Auswurf ästhetischer Selbstfindung. Brus betont die Abhängigkeit vom Ausland, den Mangel an österreichischer Identität, er umreißt jenes Problem, das Friedrich Heer in seinem letzten Buch über 300 Jahre auf der Suche nach Identität untersucht hat. Das Resultat ist die Selbstfarbe, das Sich-selbst-Einfärbeln, das Mit-Farbe-Belegen, das Sich-selbst-durch-Farbe-Ausdrücken, jenes bereits zitierte »Rot — ich weiß — rot«.
Brus konstatiert auto-biographisch in der österreichischen Malerei eine Verunreinigung, einen Hang zu verstärkter Expression und Expressivität, zur Nichtakzeptanz des Goldenen Schnitts, zum Versuch, ein spezifisches Kunstwollen zu entwickeln, das nicht entrückenden Überhöhungen als Schönheitsidealisierung folgt, sondern in den Strukturen des Nordismus integriert ist, der in gegensätzlicher Strukturbindung zwischen dionysischen und apollinischen Strukturen, der Suche nach dem Tode, der Exzentrik, dem Verlangen nach dem Extrem als Lebensprinzip: die Negierung des Normalfalles, die psychische Hinterfragung, das Aufreißen der Epidermis, die erleidende Biographie, der Hang zur Nekrophilie, zum Experiment Weltuntergang, zur Entwurzelung, zum Ausleben von Menschsein hinter der Fassade,

zur Extrovertiertheit, zur proktologischen Manie, der in der Triebkraft von Obsession Wirklichkeit sucht und schildernd findet.

Das Ideal der Reinheit, basierend auf einem extrem habsburgischen Katholizismus, springt sofort um, wenn der Künstler sich auf die Suche nach Wahrheit begibt. Er muß zerstören, leugnen, ablehnen, verwerfen, die Dinge nicht ins Lot rücken, sondern das Pendel in unbändige Schwingungen versetzen.

So versteht sich auch die Aussage über die Verhübschung, die Kompromißbereitschaft vieler Kollegen von Brus, sich zu adaptieren. Sein Zweifeln daran bedeutet eine Existenz als Hundssau, eine Existenz des gedrängten, von Pressionen geschüttelten Künstlers, der versucht, anders zu sein, der sich international gibt, ausländisch, vergessend, wo seine eigentlichen Wurzeln liegen. Das Leid entspringt quellartig als Lebensnorm durch gewollte, forcierte Erlebens-Qualität, die in bildnerische Norm mutiert.

Brus ist ein typischer Künstler Mitteleuropas, jener Utopie, wie wir sie heute verstehen, die aber nie stattgefunden hat, die sich abseits von nationalen Grenzen und nationalem Kunstwollen im zentraleuropäischen Raum entwickelt hat, um Existenzen zu fördern, die unter Druck Höchstleistungen bringen, wenn sie nicht bereits vorher daran zerbrechen, weil das System dem Neuen feindlich gegenübergestellt ist. So versteht sich auch der alte k. u. k. Ausruf zur Befreiung. Für Brus ist es Burma, fast ein Anagramm aus den Buchstaben des Künstlernamens und seines Paristraumes (mas) im Namen: Nomen est ØAmen.

Dieses Kunstwollen ist nur durchzuhalten, wenn es auf äußerster Bildung verankert ist, wenn es die eigenen egozentrischen Positionen auf einem soliden Wissen aufbaut, das letztlich immer noch jener universalen, humanistischen Bildung entspricht, wie sie die Gesellschaft propagiert, die man selbst attackiert. Die Voraussetzung ist die Fähigkeit des schnellen Zugriffs zum Informations-Transfer durch spielerische Unschuld und handwerkliche Bindungen im eigenen Metier, die selbst als Strafe empfunden werden. Kunst erarbeitet äußerste Aggressivität als Anklage: Gegen wen?

Gerade im Œuvre von Brus wird durch Zitate, Bildungseinschübe, Wissensreduktion eine Konzentration hervorgerufen, die den Dialog über das Bild hinaus erlaubt, zum Beispiel die Auseinandersetzung mit der Musik von Franz Schreker, das häufige Zitieren von bildender Kunst, sei es Kubin, Kokoschka, der Jugendstil etc. Vergangenheit wird nicht als ästhetischer Vor-Wurf verstanden (wer klagt wen an?), sondern als ein Feld, das es erbarmungslos auszubeuten gilt. Diese Tradition aber ist in Günter Brus so verankert, daß er wie selbstverständlich, sozusagen unreflektiert, analytisch mit ihr umgehen kann, um die Vorteile für sich selbst und seine Kunst herauszugewinnen, damit in der Visualisierung eine Rationalität erwächst, die emotionale Fundamente benötigt.

Der Umgang mit Tradition erleichtert dem Betrachter zunächst den Zugang zu den Werken, zugleich verkompliziert sich aber auch der Rezeptionsvorgang. Besonders vor Arbeiten seit etwa 1975 schwankt der Beschauer zwischen schon Bekanntem und Neuem. Individualistisch und eigenständig ist der Zeichen- und Kolorierungsstil, obwohl er sich unmittelbar an die österreichische Tradition des Arbeitens auf Papier anschließt (Kubin, Herzmanovsky-Orlando). Die Inhalte aber, die Brus transportiert, sind andere, ergreifen andere Gefilde, durchstöbern in neuer Vehemenz psychische Areale, die bisher nicht durchleuchtet worden sind. Brus muß sich nicht auf ein ästhetisch-theoretisches Konstrukt berufen, das als Basis seines Wirkens gilt, sondern er kann frei im Umgang mit der Geschichte sowohl Themen neu artikulieren als auch durch innovatorisches Handeln im Sinne stilistischer Verfremdungen einen eigenen künstlerischen Kosmos entwickeln. Seine unlogischen, irrationalen Gegenpositionen basieren auf der inneren Logik der Ästhetik, das heißt der Erweiterung des Bewußtseins durch Sinnlichkeit.

Diese Vorgangsweise sieht vielleicht nach Flucht aus; ist es aber bei genauerer Hinterfragung nicht, denn Brus artikuliert Probleme der Jetzt-Zeit in Parallelität mit der Vergangenheit, um Zukunft zu visualisieren. Dadurch wird auch der visionäre Charakter seiner Kunst geprägt, das Abrücken von heutigen Standpunkten. Hier liegen die Wurzeln für die Überzeitlichkeit seiner Kunst, für die Metaphern zwischen Vergangenheit und Zukunft, da in ihnen seine Recherchen des Humanums eingebunden sind. Wenn der Österreicher gerne sagt, unsere Zukunft ist unsere Vergangenheit, so stimmt diese Aussage für Günter Brus nur bedingt, weil er mit intensiver Vehemenz aus dem Präsens heraus artikuliert, um an dem Bewußtsein einer freien Zukunft mitzugestalten.

Wo immer auch Günter Brus unlimitierter Subjektivismuszwang, nicht nachvollziehbare Individualität vorgeworfen wird, vergißt der verschreckte Rezensent, daß sich Brus trotz seiner sozialen Isolation nicht der Gesellschaft entzieht, sondern an einem Bilde, einer neuen Form von Freiheit arbeitet, die für zukünftige Generationen äußerste Bedeutung gewinnen. In diesem Zusammenhang erklären sich auch die intensiven Ko-Produktionen zum Beispiel mit Christian Ludwig Attersee, Arnulf Rainer, Dominik Steiger. Brus erfreut sich nicht an der reinen Negation, er verwirft nicht, er kritisiert nicht nur, seine Antwort ist positiv zu sehen und zu werten. Brus ist Künstler ebenso wie Staatsbürger, er möchte nicht belästigt werden, dennoch hat er den Wunsch aufzuzeigen. Bei aller Bitterkeit, die sich in der Formensprache des Künstlers nicht unmittelbar nachvollziehen läßt, ist der Grazer Künstler ein Missionar, der zutiefst durchdrungen ist von moralischen Wertvorstellungen, die aber in sich so frei sind, daß sie nie in Intoleranz, Aufoktroyierung, Verfolgung und Vernichtung enden. Brus, so sehr er der Polizist seiner eigenen Ästhetik ist, ist erfüllt vom Glauben an den Menschen, an die Gruppe und, in seiner komplizierten Akkumulation, an die Gesellschaft. Anders ausgedrückt heißt dies, daß Brus ein besonders wertvolles Mitglied unserer Gesellschaft ist, weil er in der Lage ist, den Spiegel allen vorzuhalten, die Tradition zu hinterfragen, ihre Richtigkeit zu erkennen, ihre Falschheit zu durchbrechen, um den Menschen wieder in den Zustand zu versetzen, der es ihm erlaubt, an sich selbst zu zweifeln.

Nur so läßt sich der Satz im Eindhovener Katalog verstehen: »Ich glaube, daß heute die Toleranz oft dort fehlt, wo sie dringendst am Platze wäre.«[5] Brus spricht deshalb vom Stillhalteabkommen, von mangelnder Diskussionsbereitschaft, von der wunderlichen Tatsache, daß der Wiener Aktionismus lexikonreif geworden ist.

Wieland Schmied schreibt deshalb 1979 von »hemmungslosem Offenlegen innerster Empfindungen, Spannungen, Verletzungen.«[6] Da gelten für ihn, Brus, keine Grenzen des Geschmacks, da kennt er keine Tabus. Schmied konstatiert auch sechs Monate später im selben Katalog die »Räumung des Dekorativen«, die sich in den letzten zehn Jahren in den Zeichnungen und Zeichnungszyklen von Brus belegen lassen. Er spricht von Alice im Wunderland, vom Struwwelpeter, von Gullivers Reisen, von der Sicherheit, die Brus gewonnen hat. Wieland Schmied weist, ohne es auszusprechen, auf jenen Rückgriff in die Vergangenheit, der sich in Österreich, speziell in Wien, als historische Überlieferung zeigt. Der Triumph der Linie, das Ausfüllen von Flächen, der Versuch, Inhalte durch extreme Formulierung zu realisieren, der Triumph des Dekors (ganz im Gegensatz zu der Forderung von Adolf Loos gegen das Ornament), der äußerste Kampf mit der Bildfläche, die Ausfüllung des Bildträgers bis zum »Geht-nicht-mehr«, das Prinzip des Horror vacui, das sich auch in den Arbeiten von Günter Brus ablesen läßt. Erzählen im Sinne von Erzählung bedeutet gleichzeitig, die Welt ernst zu nehmen, sie in ihrer Totalität zu erfassen, zu schildern, der Phantasie keine Grenzen anzulegen, Beschränkungen aufzuheben, um der Phantasie jenen Freiraum zurückzugewinnen, den wir alle brauchen, wenn wir erfahren und verstehen wollen, was »die Falter des Vorschlafs« (Das Hohe Gebrechen, 1976) an Inhaltlichkeit verifizieren können: ein Glas leeren, geleichtert zurückschauen, denkend, Trug und Krug, Schönheit und Häßlichkeit, Schönheit, poetische Wanderung, Schmerzen, Sarg, Herzensgrüfte, Augenverschließen, Teich, Kuß, Licht, Blindnis, Spiegel, Wasser, Verwünschung, Verliese, Poesie. »Doch von Sinnen ist die Kunst.«

ANMERKUNGEN

[1] In: Protokolle, 2/83, Wien, München 1983, S. 126.
[2] Gerhard Amanshauser, Künstler und Kriminelle, in: Satz und Gegensatz, Essays, Salzburg 1972.
[3] Ernst Jandl, eine fahne für österreich, in: Zwischenbilanz, Salzburg 1976, S. 112.
[4] In: Protokolle, a. a. O., S. 127 f.
[5] Im Gespräch mit Daniel Plunkett, Katalog Günter Brus, Eindhoven 1984, S. 19.
[6] In: Günter Brus, Des Knaben Wunderhorn, DAAD-Berlin 1979, o. S.

1 OHNE TITEL 1960

2 OHNE TITEL 1963

3 OHNE TITEL 1963

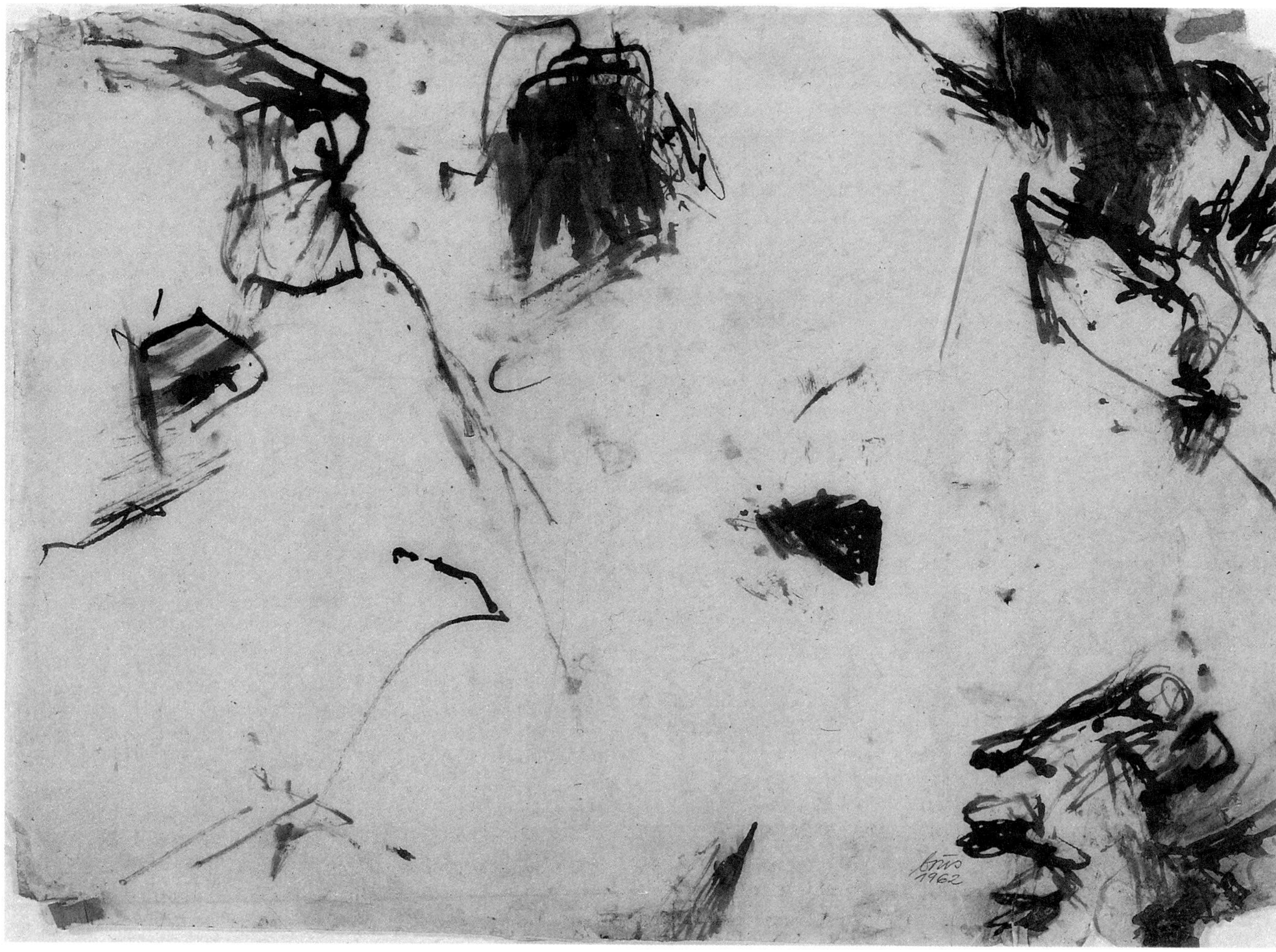
4 OHNE TITEL 1962

5 AKTION SELBSTBEMALUNG 1965

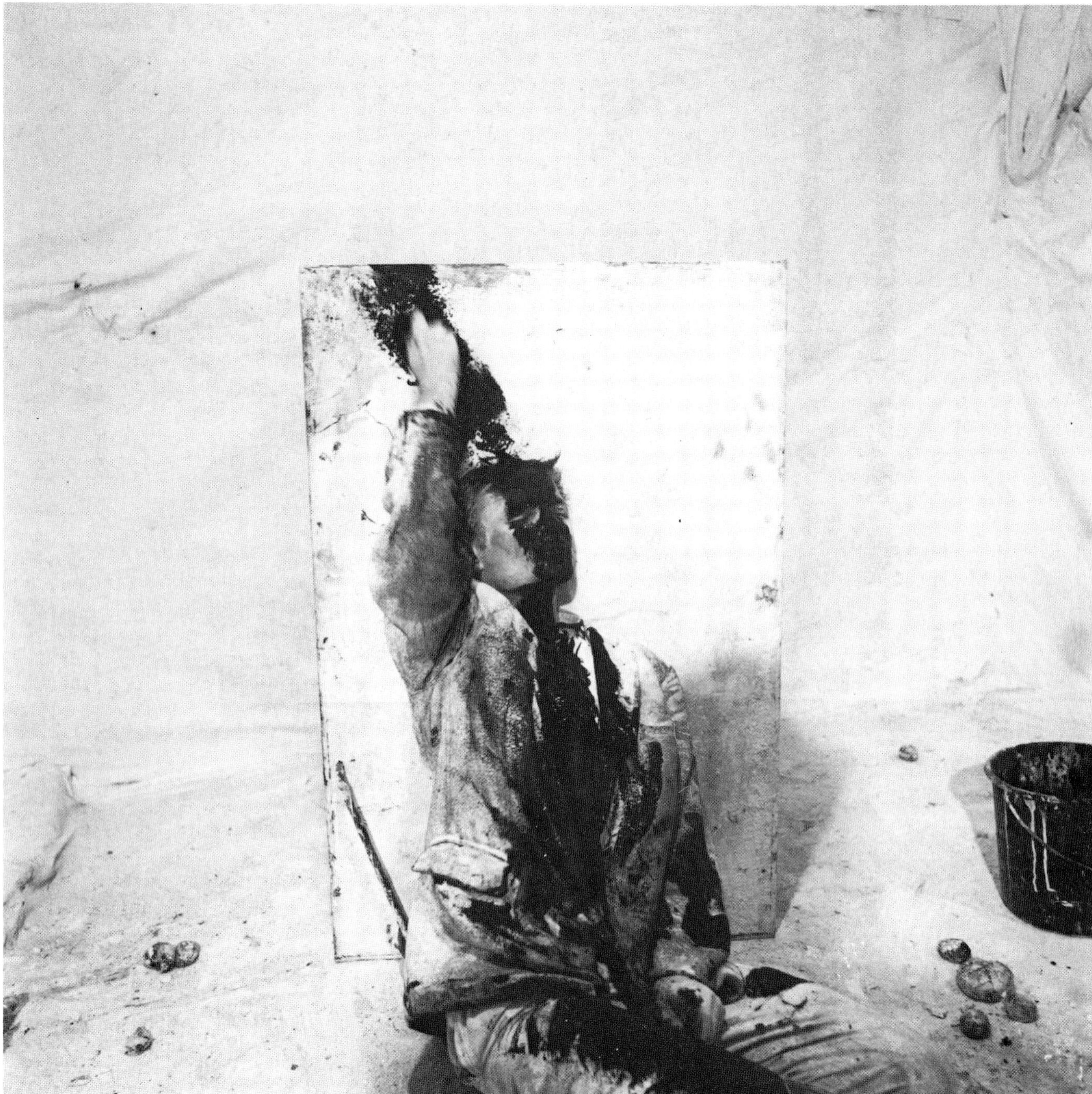

6 AKTION SELBSTBEMALUNG 1965

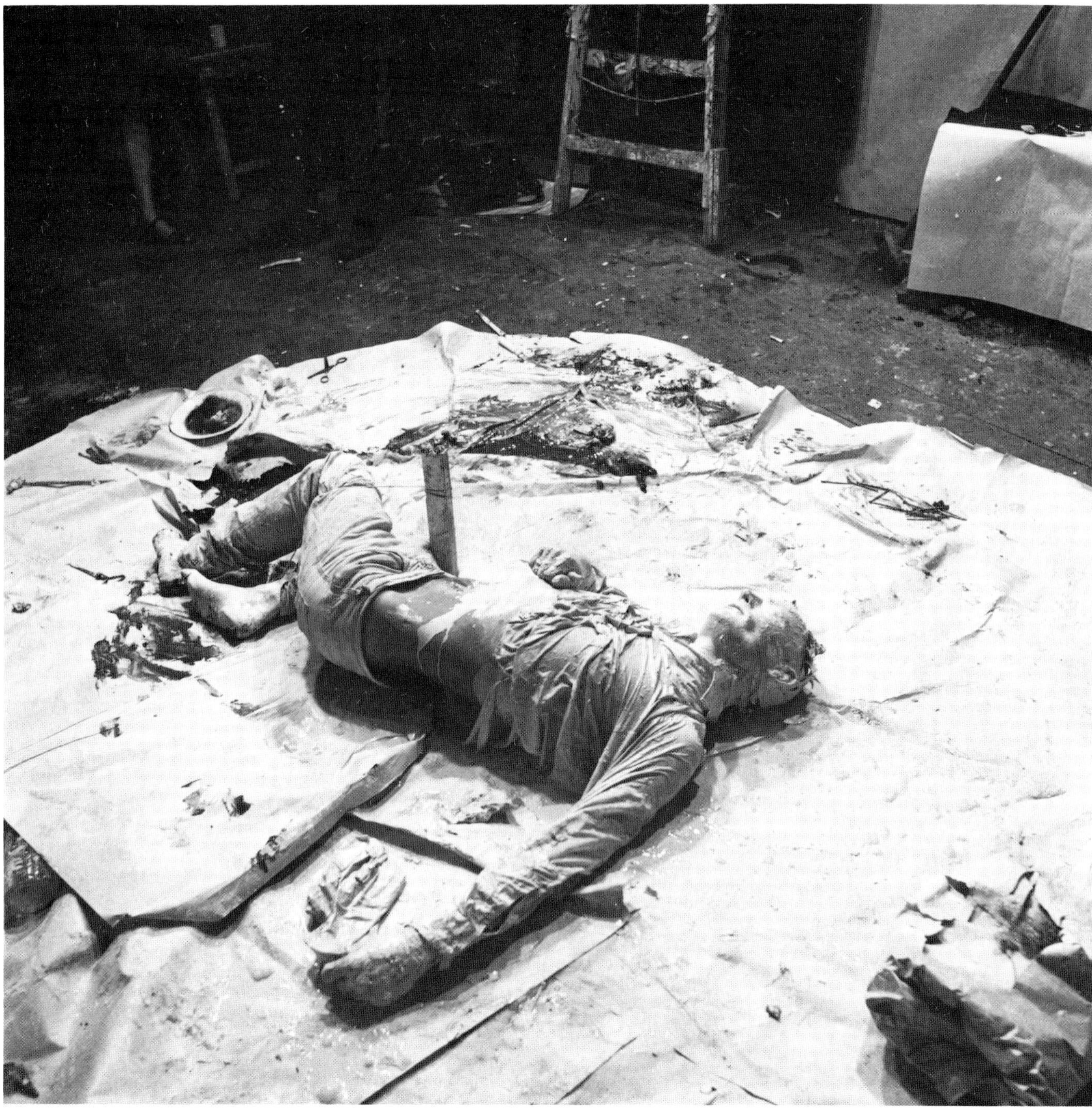

7 AKTION IN EINEM KREIS 1966

8 AUSSTELLUNGSPLAKAT 1965

9 OHNE TITEL 1960

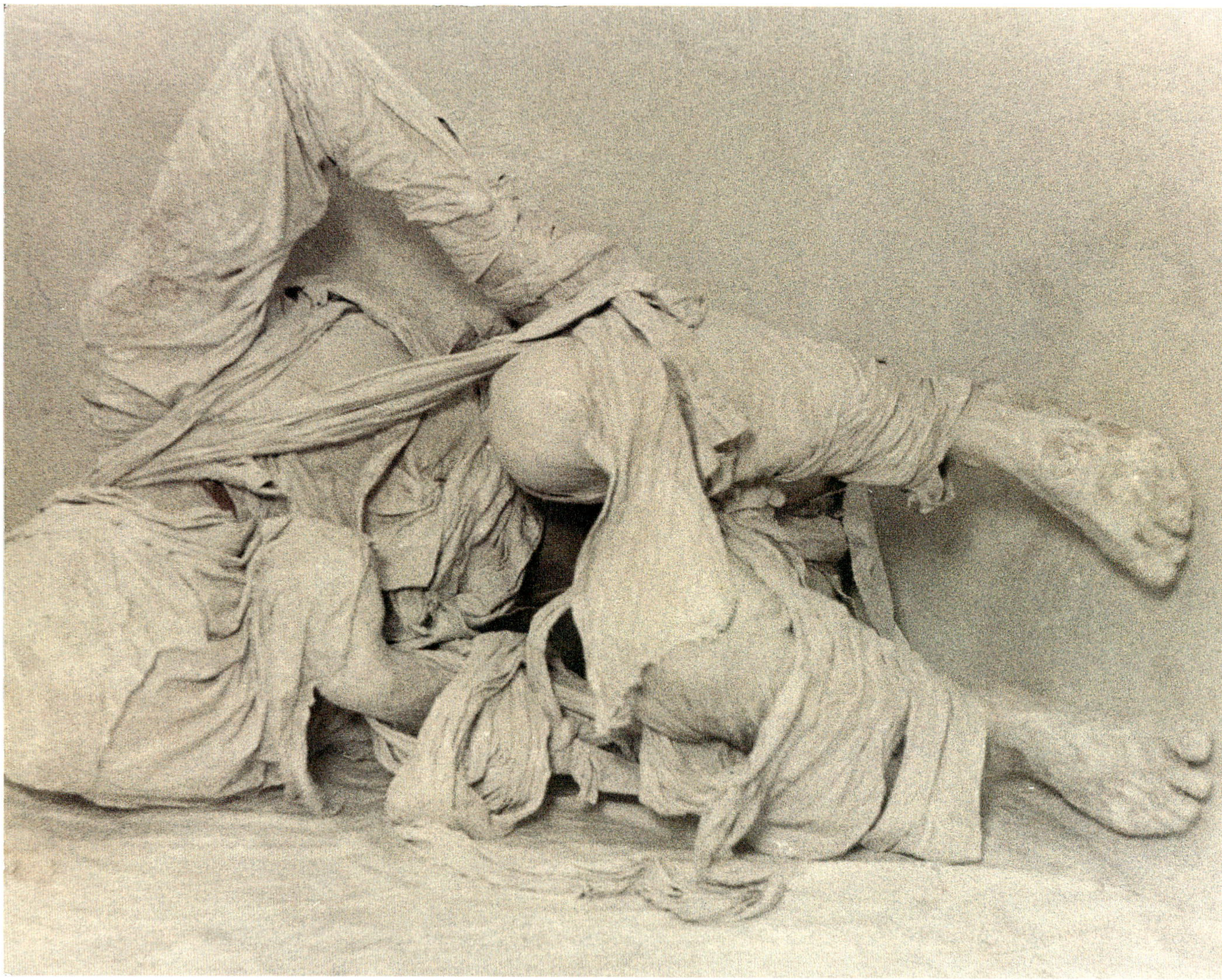

10 AKTION ANA 1964

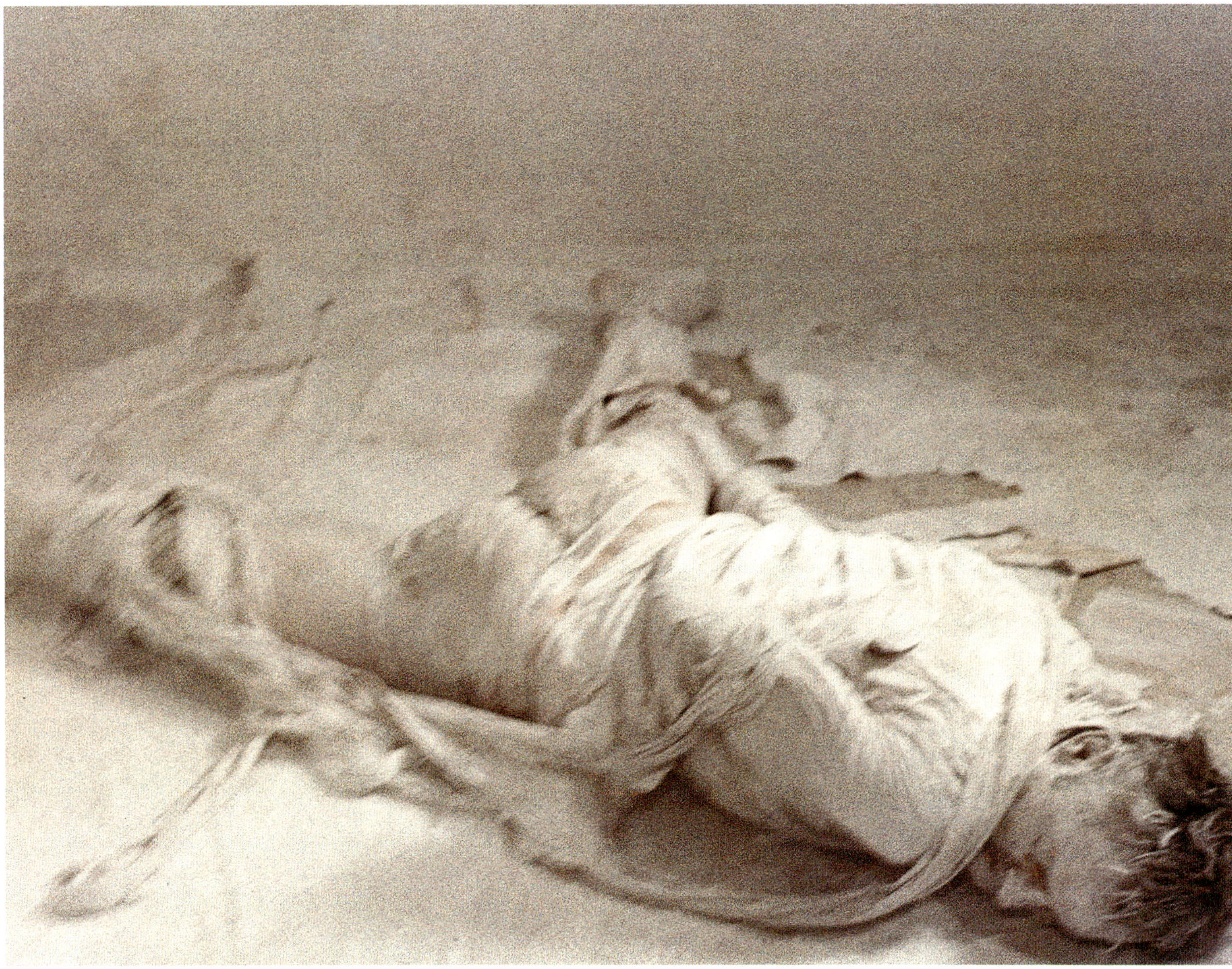

11 AKTION ANA 1964

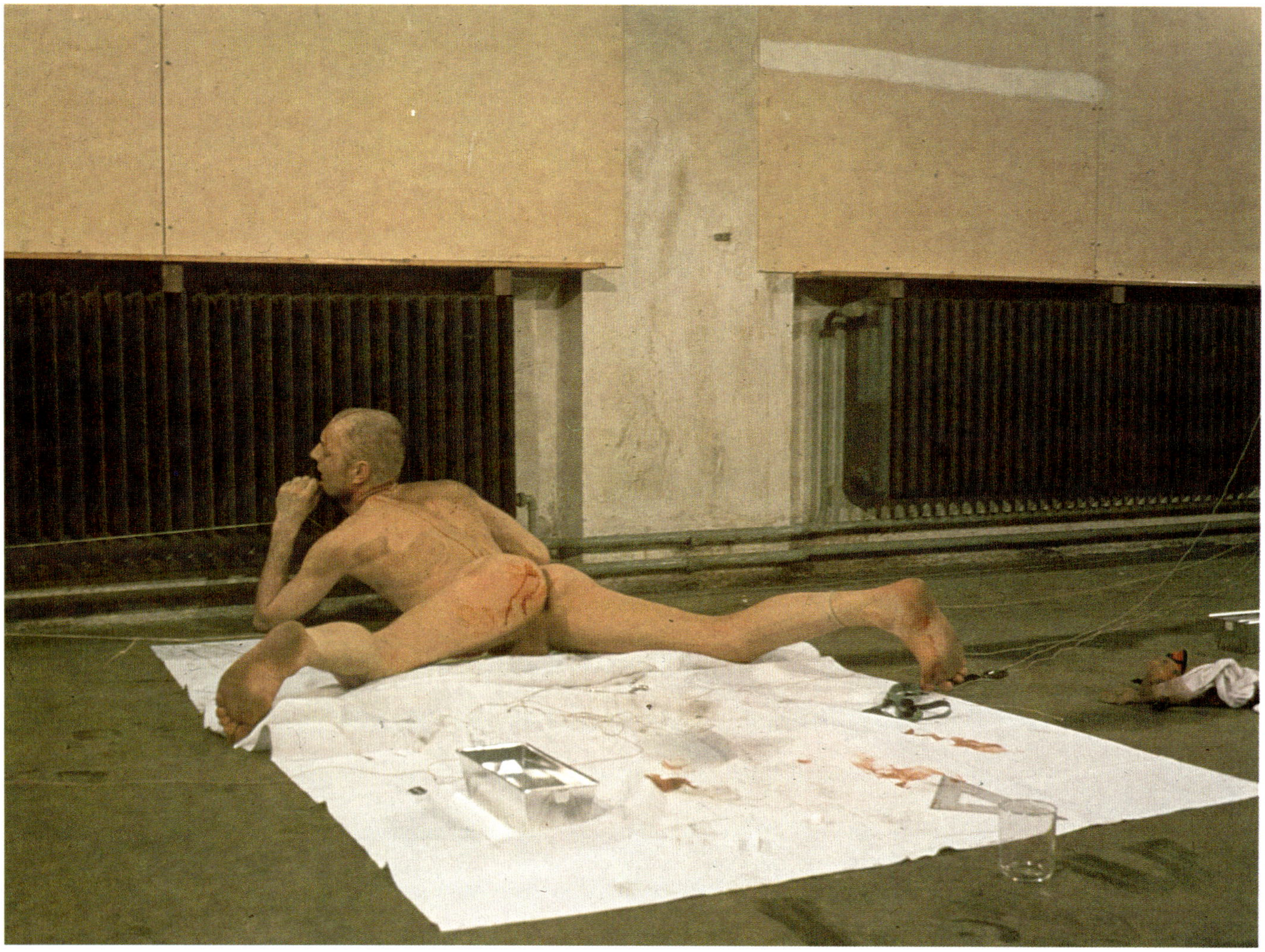

12 AKTION ZERREISSPROBE 1970

13 BUCHUMSCHLAG 1971

14 REGION DER SCHUTZENGEL 1974

15 HUYSMANS IM STERBESTUNDENZIMMER 1974

16 DENKMAL FÜR PRAXIS + THEORIE 1975

17 OHNE TITEL 1975

18 OMDN 1975

19 FREI VON KRAFT UND SCHWÄCHE 1975

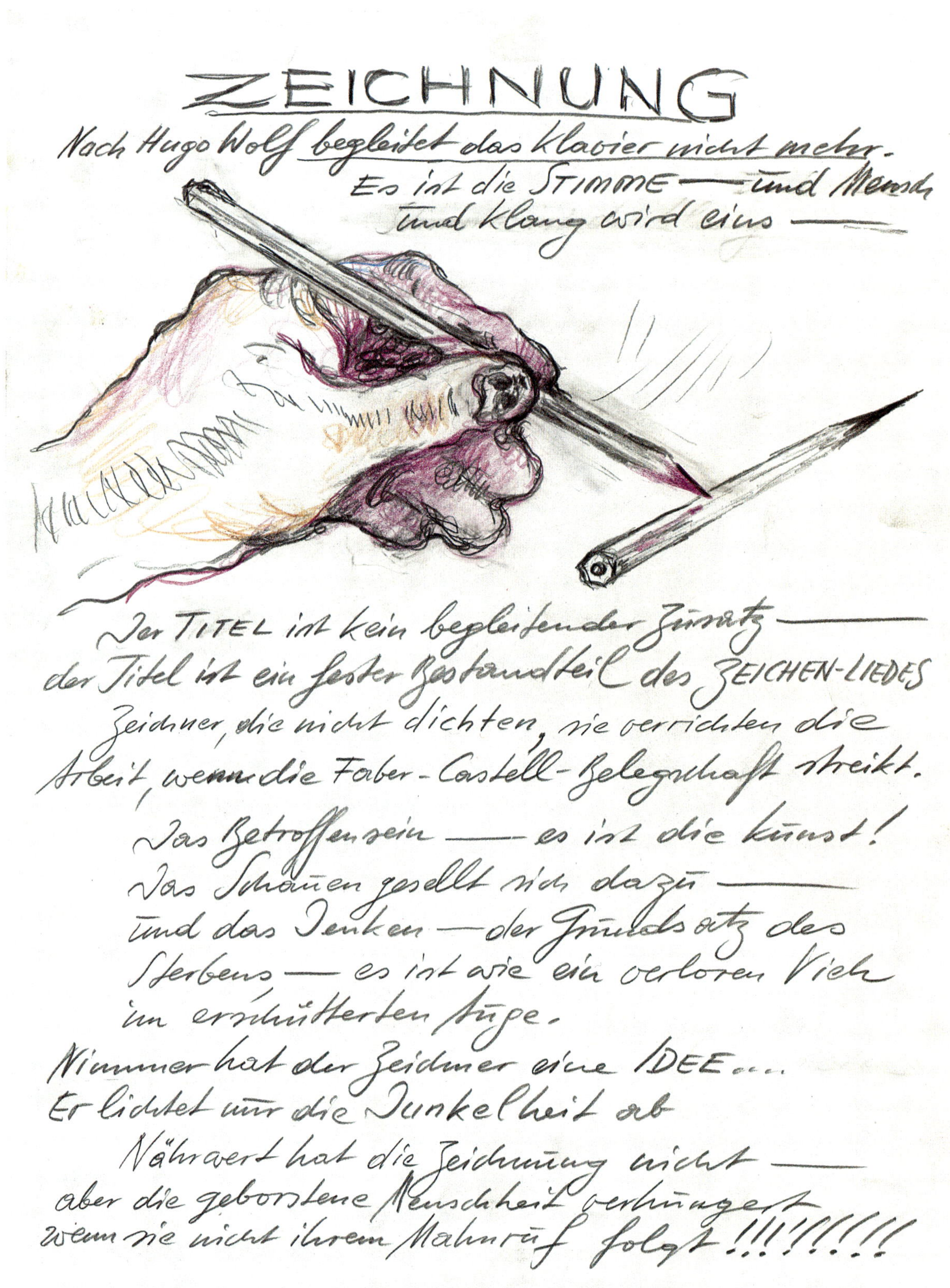

20 ZEICHNUNG 1976

21 ANNO INNOZENT 1978

22 INGANG 1978

23 NIMMERMEER 1976

24 DER WEG NACH KABUL 1977

PETER WEIBEL

Zur Aktionskunst von Günter Brus

Es gibt selten Beispiele von Kunst, wie die Aktionen von Günter Brus, welche den tief verborgenen Pol der Kunst aufspüren, in einer revolutionären Pulsation fast entkernen und dennoch der Idee der Kunst bei gleichzeitiger Vernichtung ihres Pols der Mächtigkeit eine neuartige Position und einen Sinn, tiefer und stärker als zuvor, verleihen. Brus hat mit seinen Aktionen das paradoxe Kunststück zuwege gebracht, den Kern der Kunst fast zu liquidieren und dabei mit einer unvorstellbaren Strenge und Kraft, der Logik der Kunst selbst folgend, der Kunst einen kompakteren Kern zu geben. Indem er mit seinem Leib der Kunst zu Leibe rückte, hat er sie fast ausgelöscht und gerade erst dadurch in der veränderten historischen Situation der Kunst selbst wiederum eine neue zwingende Legitimität ermöglicht. Das Künstlerische bei diesem Vernichtungswerk der Kunst ist darin zu begreifen, daß er dabei aus einem großen Feld gerade der wichtigsten und kostbarsten historischen und zeitgenössischen Traditionen schöpfte, die seine Aktionen nicht zu Beispielen von Anti-Kunst machen, sondern im Gegenteil zu den reinsten und zentralsten Formen der Kunst selbst, wie ein Exkurs in die zeitgenössische Ästhetik zeigen wird. Indem er die Kunst fast erdrückte mit dem Gewicht seines Leibes und der Radikalität seiner Aktionen, hat er sie erst zum Überleben befähigt. Indem er die Kunst radikal in Frage stellte, hat er sie erst instand gesetzt, auf Fragen wieder antworten zu können. Indem er mit der Axt sich selbst zu Leibe rückte, ist er mit der Axt an die Wurzeln von Kunst und Kultur gegangen, an die morschen Wurzeln einer ausgelaugten, sozial bis ins Lächerliche und Überflüssige finalisierten Kunst allerdings. So hat er, indem er zeichenkritisch Hand an unsere bestehende Kultur legte, der Kunst den Schauplatz ihrer Souveränität erst gelegt. Der nackte Körper als Medium der bildenden Kunst war Schauplatz und Schauzeit dieser neuen Souveränität. In den scheinbar so einfachen körperlichen Verrichtungen, die gelegentlich die Elemente der Brusschen Aktionen bildeten, übrigens stets als Ergebnis langer Phasen der Reflexion und des Zwie- und Selbstgesprächs, gilt es aber, die Komplexität zu bewundern, mit der es Brus verstand, die verstreut herumliegenden Ansätze neuer bildnerischer Aktivitäten, wie sie von Action Painting bis Happening vorgegeben waren, überzeugend in einer einzigen Aktion zu verknüpfen. Das sogenannte Zwanghafte seiner Aktionen, von Publikum und Presse so gerne moniert, war nichts anderes als zwingende visuelle Argumentation, mit der Brus anerkanntes zeitgenössisches Kunstdenken und -wollen zu Ende dachte, vor dessen Konsequenzen nur die Umwelt zurückschreckte. Brus hat damals einen Ausweg und eine Lösung gefunden, deren Geschichtsmächtigkeit erst viel später entdeckt wurde. Er hat als erster und am deutlichsten die Verselbständigung des Körpers als Konsequenz der vom Informel eingeleiteten Kette von Verselbständigungen der malerischen Elemente erkannt.

Als Brus 1964 erstmals eine Selbstbemalung durchführte, war die klassische Ontologie der Kunst, wo Skulptur für Sein und Malerei für Schein stand und Kunst insgesamt Schein war, verglichen mit dem Sein der Wirklichkeit, durch das Werk einiger Künstler bereits aufgebrochen. Die klassischen Grenzen, Differenzen und Identitäten des Kunstwerkes und der Kunstgattungen waren durch eine Reihe von Widersprüchen, Verwischungen und Überschreitungen zu Beginn der sechziger Jahre verunsichert, wenn nicht gar aufgehoben.

Jasper Johns und Frank Stella hatten die Grenzen zwischen Malerei und Plastik verunsichert, indem sie zwischen Bild und Objekt Antinomien und Ambivalenzen errichteten. Johns sagte zu seinen Flaggen- und Schießscheiben-Bildern: »Wenn das Gemälde ein Objekt ist, dann kann das Objekt ein Gemälde sein«. Eine Fahne (Objekt) kann zu einem Bild (der Fahne) werden und das Abbild wiederum zum Ding. Dieser Identitätskonflikt zwischen objektualer und malerischer Existenz konnte einerseits reduziert werden durch shaped canvases, wo eine Identität von Bildbegrenzung und bildimmanenter Struktur angestrebt wurde, konnte aber andrerseits auch ausgedehnt werden auf einen Identitätskonflikt zwischen malerischer und realer Existenz. Die Aufhebung der Grenze zwischen Malerei und Skulptur, Schein und Sein, bedeutete auch, die Grenze zwischen Kunst und Wirklichkeit aufzugeben.

Die Identitätskonflikte zu Beginn der sechziger Jahre, die mit Action Painting begonnen hatten, bedeuteten eine Öffnung zur Wirklichkeit. Im Action Painting wurde nämlich erstmals deutlich das Problem der außermalerischen und außerkünstlerischen Wirklichkeit akut, indem der Maler sich selbst, wenn auch nur in Spuren, in den Mittelpunkt des Bildes setzte. Indem der Maler sich in der Malaktion mit dem Werk verbindet (»Wenn ich in meinem Bilde bin, bin ich mir nicht bewußt, was ich tue«: Jackson Pollock), finden

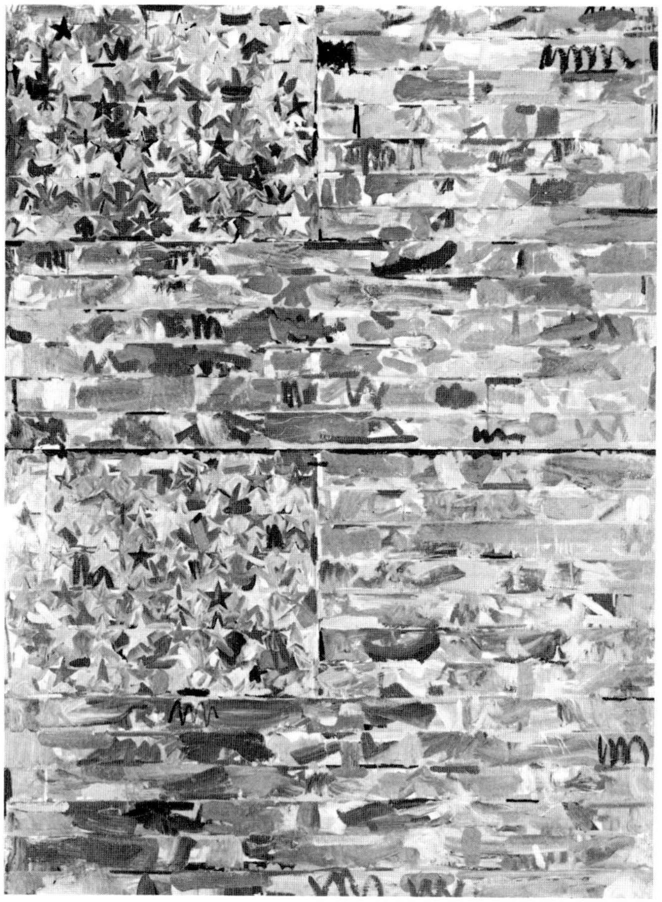

Jasper Johns: Two flags 1959

Frank Stella: Sidney Gubermann 1963

Spuren der Wirklichkeit Eingang ins Tafelbild. Der Ausstieg aus dem Bild in die Realität geschah also ursprünglich durch die Einbeziehung des Malers ins Tafelbild durch den malerischen Akt selbst. Robert Rauschenberg konnte daher formulieren: »Ein Bild ist erst wirklich, wenn es aus Teilen der wirklichen Welt gemacht ist.« Dadurch blieb die ästhetische Grenze nicht mehr mit der Grenze des statischen Bildes identisch. Die Sucht nach Riesenformaten bei den Abstrakten Expressionisten entspringt dieser Tendenz, die deren Apologet, Harold Rosenberg, schon so kennzeichnete: »Diese neue Malerei hat endgültig jenen Unterschied zwischen Kunst und Leben aufgegeben.« Diese Grenzüberschreitung von der Malerei in die Wirklichkeit hat denn auch Rauschenberg als den Ort der Kunst bezeichnet: »Die Malerei bezieht sich auf beides, auf die Kunst und das Leben. Ich versuche, in dieser Kluft zwischen beiden zu handeln.«

Deswegen hat er 1960 im Combine Painting »Pilgrim« einen zum Teil gelb bemalten Stuhl vor ein Gemälde gestellt, so daß sich die Frage erhebt, ob der bemalte Stuhl ein Teil des Gemäldes oder das Gemälde ein Teil des Stuhls ist. Jedenfalls bedeutet die Erweiterung des Tafelbildes auf den Stuhl nicht nur die schon bekannte Grenzüberschreitung von der Malerei in den Objektbereich, sondern Reales und Gemaltes verwischen ihre Grenzen, vertauschen ihre Identitäten.

Dieses Spiel von Grenzüberschreitungen und Identitätskonflikten hat also eine Öffnung der Kunst zum Leben bedeutet, deren Ziel es sein wird, Kunst und Leben identisch werden zu lassen im realen Raum und in der realen Zeit, das heißt in der realen Aktion, deren Medium der Körper des Künstlers ist. Eine der großen kunsthistorisch relevanten Leistungen von Brus ist es, anfangs der sechziger Jahre klar erkannt zu haben, wohin durch Informel, Tachismus und Action Painting die Weichen gestellt worden sind, und nicht in die falsche Richtung zu fahren, nämlich in den Objektbereich wie die Pop Art, sondern erkannt zu haben, was das eigentliche Ziel ist, nämlich, daß der menschliche Körper selbst den konsequenten Ausstieg aus dem Bild bildet: »Mein Körper ist die Absicht. Mein Körper ist das Ereignis. Mein Körper ist das Ergebnis.« (1966) Wenn wir die ersten Selbstbemalungen (1964/65) von Günter Brus, wo er weiß bemalt vor einer weißen Leinwand sitzt und einen schwarzen Strich von der Leinwand ausgehend über seinen Körper zieht, mit »Pilgrim« von Rauschenberg vergleichen, was gerechtfertigt erscheint, weil es sich in beiden Fällen um verwandte Erweiterungen des Tafelbildes und des Kunstanspruchs handelt, aber um zwei verschiedene, auf höchstem künstlerischem Niveau ausgeführte Lösungen eines von der Kunstgeschichte gestellten zentralen Problems, dann sehen wir, daß Brus die vom Pollock-Zitat veranschaulichte ästhetische Doktrin des Action Painting hellsichtiger und konsequenter weitergeführt hat. Deswegen kam ja auch die amerikanische Kunst erst nach einem fast zehnjährigen Umweg über die Pop Art zur Body Art.

Die von den amerikanischen Künstlern des Abstrakten Expressionismus und des Action Painting aufgeworfene Identitätskrise der Malerei, die von den europäischen Künstlern des Informel und des Tachismus gleichzeitig und auf andere Weise behandelt wurde, bestimmte den malerischen Diskurs bis 1960. Es ist wahrscheinlich der Einfluß der Arbeiten von Georges Mathieu, Wols, Yves Klein, Lucio Fontana, Piero Manzoni, der die Wiener Aktionisten zur subjektorientierten statt objektorientierten Erweiterung der Malerei gebracht hat.

Jean-Paul Sartres Essay über Wols zeigt schon im Titel »Finger und Nicht-Finger« den Identitätskonflikt an, der entstand, indem Wols »alle figurativen Zeichen« (Mathieu 1960) zerstört hat. 1959 hatte Wols eine Ausstellung in Wien, und Mathieu kam zu einem öffentlichen Schaumalen, bei welcher Gelegenheit der Wiener informelle Künstler Markus Prachensky ein Beispiel seiner Peinture liquide gab, indem er über drei riesige Leinwände von oben herab rote Farbe goß. Diesen Aspekt des Schüttens und Rinnens von Farbe, wie er auch bei Sam Francis vorkam, finden wir in der Anfangsphase aller Aktionisten (Nitsch, Muehl, Brus) wieder. Der Aspekt des Schaumalens, des Malens vor Publikum, der Aktion vor der Leinwand, wie ihn Mathieu vorgeführt hatte, wurde zu einer wesentlichen Voraussetzung der Aktion. Die erste öffentliche aktionistische Manifestation war das »Fest des psycho-physischen Naturalismus« von Hermann Nitsch und Otto Muehl, 1963, das als »Schaumalen auf der Fahrbahn der Perinetgasse« angekündigt worden war. Nitsch schrieb im Manifest: »Ich gebe meinen Leib der öffentlichen Beschüttung preis« und ließ sich in der Tat während der Aktion mit Blut überschütten.

Zahlreich sind die Zeugnisse der Aktionisten über die Herkunft der Aktion aus der Malerei. »Mein aktionstheater hat sich aus der informellen aktionsmalerei, aus dem tachismus, entwickelt. Das malen selbst, die produktion, wird ein anschaubarer prozeß, daher führte das action painting zum schaumalen. Die malerei beansprucht einen zeitablauf, wird zum theaterereignis« (Nitsch 1965). »Materialaktion ist dargestellte malerei« (Muehl 1965). »Selbstbemalung ist eine Weiterentwicklung der Malerei. Die Bildfläche hat ihre Funktion als alleiniger Ausdrucksträger verloren. Sie wurde zu ihrem Ursprung, zur Wand, zum Objekt, zum Lebewesen, zum menschlichen Körper zurückgeführt. Durch die Einbeziehung meines Körpers als Ausdrucksträger entsteht als Ergebnis ein Geschehen, dessen Ablauf die Kamera festhält und der Zuschauer miterleben kann« (Brus 1965).

Robert Rauschenberg: Pilgrim 1960

Die *Selbstbemalung* war es also, welche die Aporien der Abstraktion und des Action Painting löste. Die Selbstbemalung, als identifikatorischer Prozeß von Maler und Gemaltem, hat den Körper ins Spiel gebracht und ist daher als eigentlicher Moment des Paradigmenwechsels zu betrachten. Die Identifikation des Malers mit dem Gemälde, nicht die Identität von Gemälde und Objekt, löste die Identitätskrise des Tafelbildes auf. Die Selbstbemalung war die gleichsam genialische Lösung, mit der die Tendenzen des europäischen und amerikanischen Informel auf eindrucksvolle Weise vollendet wurden. In der Selbstbemalung ist erstmals der Körper (des Künstlers) in die Kunst eingeführt und die Kunst auf dem Körper begründet worden. Da Nitsch mehr mit Tierkadavern und Muehl (wie später auch Schwarzkogler) mehr mit den Körpern der Modelle arbeiteten, ist

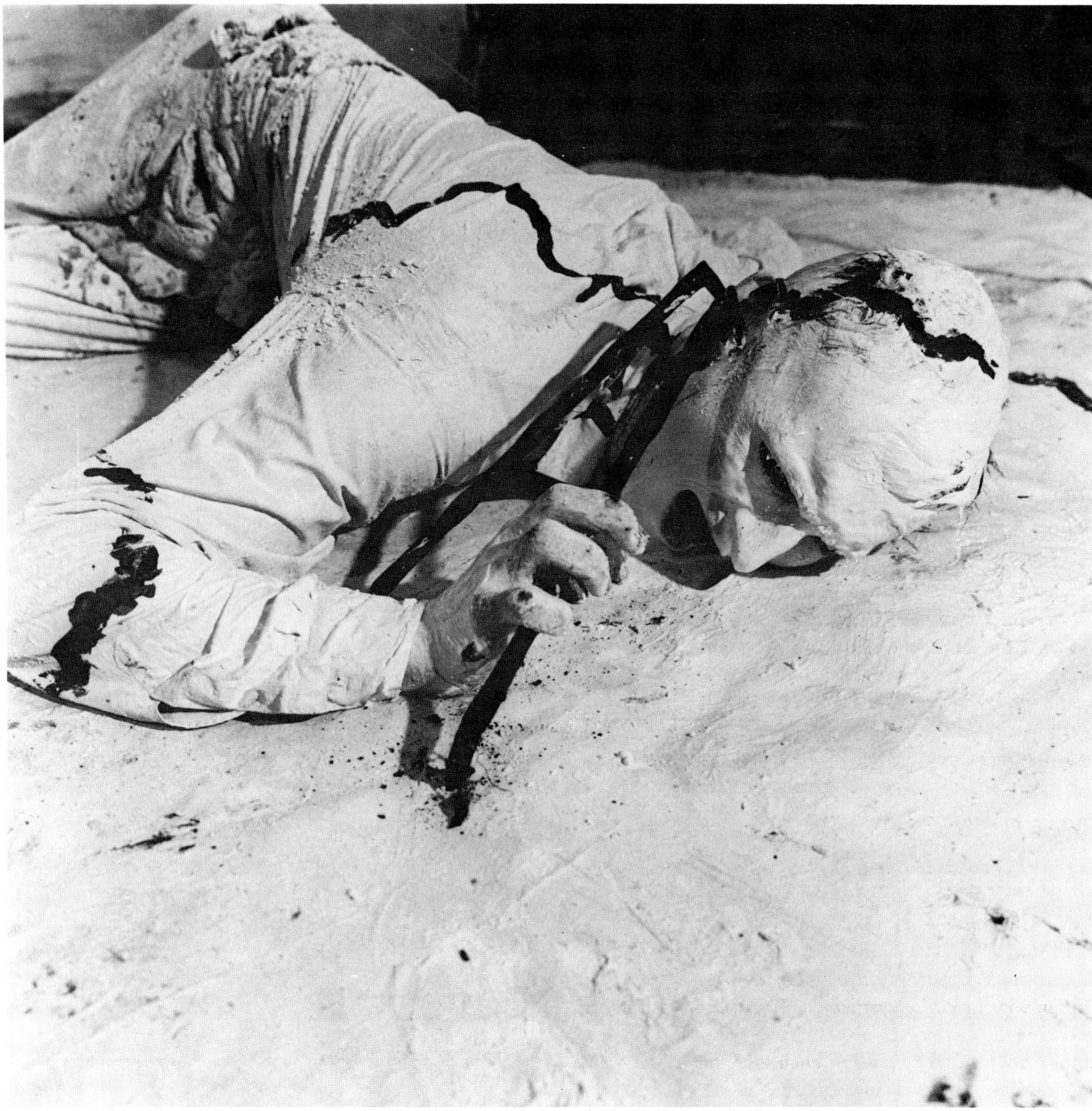

25 AKTION SELBSTVERSTÜMMELUNG 1965

die Körperaktion, was heute als wesentlichstes Moment des Wiener Aktionismus betrachtet wird, die eigentliche Domäne von Brus. Günter Brus ist der eigentliche Begründer der Körperkunst und Body Art, weil er bei seinen Selbstbemalungen schon als erster den eigenen Körper direkt ins Zentrum der Aktion gestellt hat. Wenn es also einer Inkunabel für den Paradigmenwechsel in den sechziger Jahren von der Malerei zur Aktion, vom Tafelbild zum Körper, von der Illusion zur Wirklichkeit bedarf, dann ist es die Selbstbemalung von Günter Brus.

Abgesehen von seiner ersten Aktion »Ana« hat Brus ausschließlich mit seinem eigenen Körper gearbeitet. Die Bedeutsamkeit dieses Moments wird meist in einem undifferenzierten Aktionsbegriff übersehen. Dabei ist es eben gerade jener Unterschied, daß es sich nicht um ein bemaltes Objekt wie bei Johns oder Rauschenberg, sondern um den bemalten menschlichen Körper handelt, welcher die Identitätskrise und Überwindung des Tafelbildes in eine neue historische Dimension führte. Die amerikanischen Happenings haben ja nicht über den Körper operiert, sondern parallel zur Pop Art ebenfalls hauptsächlich mit Objekten. All diese Identitätskonflikte zwischen Formvorstellung und Formwahrnehmung, zwischen Malerei und Skulptur, zwischen visuellem und physikalischem Verhalten, zwischen Objekt und Materialverhalten, zwischen Materialverhalten und Aktion, wie sie in Werken von Francis, Pollock, Jasper Johns, Donald Judd, Frank Stella, Robert Morris, George Segal und Joseph Beuys, Fontana, Klein, Mathieu, Manzoni ausgesprochen wurden, haben in der Selbstbemalung von Brus ihre Aufhebung gefunden. Indem er sich selbst real in das Bild hineingenommen hat, hat er seine eigene Identität verunsichert. War er ein Gemälde, eine Skulptur oder ein Mensch?

Bei George Segal, der als Maler zur figurativen Richtung des New Yorker Expressionismus der fünfziger Jahre gehört hat und an der Entwicklung des Happenings beteiligt war, können wir ein Zwischenglied der Entwicklung feststellen, deren Pole Rauschenberg und Brus bildeten: »Man sitting at table« (1961). Segal hat, wenn auch als Objekt, die weiße Figur als Rest des expressionistischen Malaktes in den Raum der erweiterten Malerei, in den Raum der Realität gestellt. Auch Segal hat die menschliche Figur bei der Überwindung des Tafelbildes in seinen räumlichen Konstellationen des Alltags verwendet: »Wenn man einen Gegenstand sieht, kann man nicht umhin, ihm die eigene Menschlichkeit aufzuprägen« (Segal). Wie Brus ist auch er von der Farbe Weiß fasziniert: »Das Weiß fesselt mich wegen seiner besonderen Implikationen von entkörperlichtem Geist, untrennbar von den fleischigen, körperlichen Details der Figur« (Segal). Die

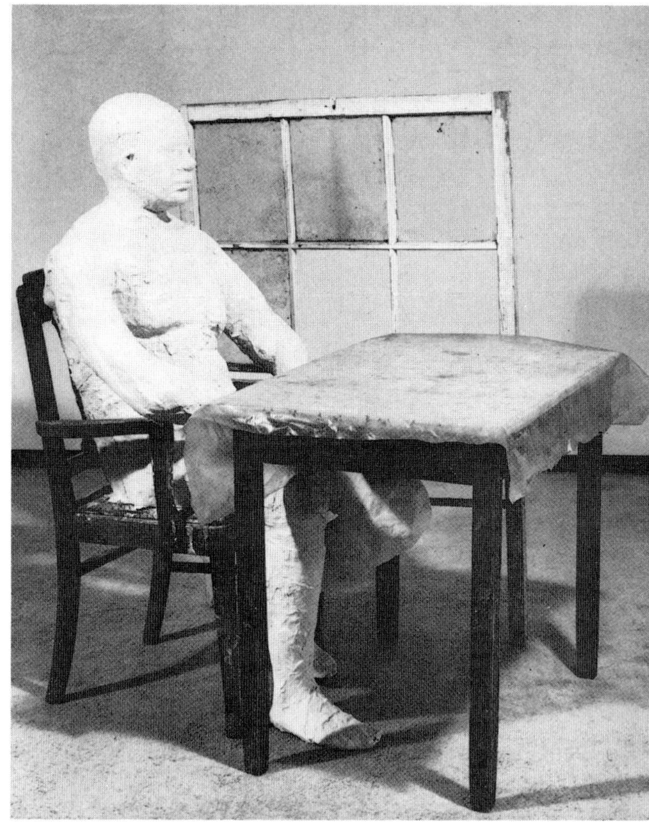

George Segal: Man at Table 1961

Yves Klein, Anthropometrie 1961

26 AKTION WIENER SPAZIERGANG 1965

rauhe Außenseite der Gipsform bewahrt noch etwas von der Spontaneität der expressionistischen Malerei.
Dieser statischen objektualen Lösung der Funktion des menschlichen Körpers bei der Erweiterung der Malerei entspricht in Europa die dynamische und prozessuale von Yves Klein, der nach seiner monochromen Phase damit begann, mit Hilfe nackter Modelle »die Farbe direkt durch den Körper auf die Unterlage zu übertragen« (Klein). Die Modelle haben »mit ihrem Körper meine monochromen Bilder gemalt . . . Sie waren zu lebenden Pinseln geworden!« (Klein) Mit seinen blauen Anthropometrien hat also bereits Yves Klein den menschlichen nackten Körper mit ins Bild hineingenommen, das Modell mit dem Pinsel identifiziert (! eine neue Identität) und dadurch den Pinsel exkludiert (»Schon früher hatte ich den Pinsel abgelehnt«, Klein). Es galt also, nun auch das Modell zu exkludieren und sich selbst als Leinwand zu inkludieren. Die Monochromie wurde zur Monomanie. Der Maler wurde zum Pinsel und zum Gemälde. Indem er sich selbst als Modell nahm, hat Brus mit seinem Körper monochrome Bilder gemalt.
Die hinter allen Identitätskonflikten stehende Frage nach der Wirklichkeit (»Die entwicklung der kunst tendierte dahin, die wirklichkeit als direktes gestaltungsmittel zu benutzen«, Nitsch 1964) erfährt durch den Maler als Ort der Identität von Gemälde und Körper, von Objekt und Subjekt eine neue »Zerreißprobe« (so der Titel von Brus' letzter Aktion, 1970). In der Selbstbemalung ist die ästhetische Grenze eindeutig nicht mehr mit der Grenze des statischen Bildes ident, und dadurch wird die Kunst mit der ehemals außerkünstlerischen Wirklichkeit identisch, aber nicht um den Preis einer lügnerischen Versöhnung und eines gedämpften Bewußtseins, sondern es wird die Differenz umso schmerzlicher bewußt. »Alles wird weiß gestrichen, alles wird zur Bildfläche« (Brus 1965) heißt ja nicht, daß alle Unterschiede eingeebnet werden, sondern in der Vereinnahmung, die eine bloße Geste ist, wird die Negativität der Erfahrung evoziert. Daher verendet die Selbstbemalung auch nicht in der Ornamentik eines Body Painting, sondern Brus verkehrt sie zur »bewältigten Selbstverstümmelung« und »unendlich ausgekosteten Selbstentleibung«. Brus errichtet also eine neue höhere Antinomie, nachdem er die Widersprüche auf den einfacheren Ebenen gelöscht hat. Die augenscheinlichste Antinomie besteht darin, die Einführung des Leibes in die Malerei gleichzeitig als Entleibung zu beschreiben.
Drei Stufen gibt es also bei den Brusschen Aktionen, diesen einzigartigen österreichischen Beiträgen zur Weltkunst, zu bewundern. Erstens die Problemstellung, zweitens die Ästhetik der Lösung (z. B. die beginnende Verselbständigung der Linie bei Wols und Mathieu, die Brus zu einem Hauptmoment seiner Arbeit macht) und drittens die Lösung selbst.
Brus hat die Malerei mit seinem Blut aufgesogen und daher auch als einziger legitim sein Blut als Farbe über die Leinwand seines Körpers rinnen lassen (1970). Eben aufgrund seiner immensen malerischen Begabung konnte er die malerischen Probleme nicht in der Malerei selbst lösen, sondern nur außerhalb von ihr. In den Aktionen hat er das Drama der Malerei und die Psychopathie des Ausdrucks inszeniert, als Maler, Monomane und Märtyrer.
Brus hat als Maler begonnen. »Ich habe mit dem Informel begonnen. Mit dem Ausagieren vor der Leinwand. Ein Versuch, aus der Leinwand auszubrechen. Es war die Idee, das Bild hätte kein Ende. Der ganze Raum war eben die Leinwand. Das Bild war eine Abschnürung für mich. Man mußte unbedingt zu einer Art Befreiung, zu befreienden Mitteln greifen. Ich habe die Bilder nur mehr zerschlitzt und ausgepeitscht. Die Krise in der bildenden Kunst insgesamt, im Tafelbild und im Wandbild, das Ungenügen, mit herkömmlichen Mitteln weiterzugehen«. (Brus 1981) 1961 stellte er seine Aktionsmalerei aus, welche die Grenzen des Bildes nicht akzeptieren wollte. Daher malte Brus in Riesenformaten und nicht dem Zentrum zu, sondern immer mehr am Rand des Bildes selbst. Er malte spürbar auf die Wand hin. Er wollte dem Bild kein Zentrum, keinen Schwerpunkt, keine Begrenzung geben, denn er wollte in den Raum der Wirklichkeit vordringen. Er onanierte vor dem Bild, schüttete Samen und Urin in das Bild. Brus fragte, wo endet das Bild und wo beginnt die Wirklichkeit? Wo aufhören? Um nicht mehr aufhören zu können, gingen die Riesenformate schließlich über in Wandinstallationen. Damit alles zur Leinwand werde, klebte er den ganzen Raum seines Keller-Ateliers mit Papierleinwänden zu. Er arbeitete im malerischen Raum, aber ohne Publikum. Die Aktion auf der Leinwand (Action Painting) hatte sich aber schon in eine Aktion mit der Leinwand und vor der Leinwand verwandelt, indem er sich beim Malen die Hände band oder mit dem Pinsel an die Leinwand ging, diese aber nicht berührte. Dieses Schauspiel kann aber nachträglich nicht gesehen werden, also mußte Brus an die Öffentlichkeit, vor Publikum gehen. Dieses Agieren vor der Leinwand war eine andere Art der Schaumalerei. So kam es zur Aktion ohne Leinwand, zur Aktion mit dem Körper des Malers selbst. Denn nachdem schon der ganze Raum weiß bemalt war, blieb nur mehr der Maler selbst, der noch nicht weiß bemalt war, als unbemalter Teil des Raumes zurück. Dem künstlerischen Ziel entsprechend mußte schließlich auch der Maler selbst weiß bemalt werden. Durch die physische Aufhebung

Lucio Fontana: Attesa 1959

der Differenz von Künstler und Werk versuchte Brus, »in der Kluft zwischen Kunst und Leben zu handeln« (Rauschenberg). Diese Einführung des Körpers des Künstlers in das System des Kunstwerks, diese Rückbezüglichkeit, ist die Antwort auf eine grundlegende Identitätskrise der Kunst schlechthin, die eingeleitet zu haben zu den epochalen Leistungen der Kunst des 20. Jahrhunderts gehört. Kaum eine Generation hat so viel Verzweiflung, Größe, Talent und Leben in die Kunst als soziales Problem investiert wie die der sechziger Jahre. Deswegen ist sie auch in diesen Jahren vom Kunstbetrieb ausgeschlossen gewesen und den Gerichten, Polizisten und Journalisten anheim gefallen. Brus ist einer der Größten dieser Generation. In seiner Referenz des Malers auf sich selbst als Gemälde hat er eine kategoriale Bestimmung zeitgenössischen Kunstschaffens, nämlich selbstreferentiell zu sein — Kunst im 20. Jahrhundert ist nämlich fast stets ein selbstreferentielles System —, auf verblüffende Weise mit Sinn erfüllt, welche zu vielfältigen neuen Erforschungen des Wesens der Kunst geführt hat. Während die Pop Art wieder auf das Bild zurückfiel, hat Brus entschlossen das Subjekt, den Körper in den Mittelpunkt der Kunst gestellt. Anders als bei Jasper Johns hat der menschliche Körper als Identität von Darstellung und Dargestelltem eine radikale Erweiterung des bürgerlichen Kunstbegriffes, eine radikale Relativierung der bürgerlichen Ontologie von Sein und Schein bedeutet. Das geht natürlich schnell über den Kunstrahmen hinaus. Hat Segal nur seine Figuren einbalsamiert, balsamiert Brus die gesamte bürgerliche Gesellschaft ein.
Um zu verstehen, wie die Selbstbemalung zur Selbstverstümmelung wird, kann man als weitere kunsthistorische Quelle Lucio Fontana betrachten, der ab 1958 geschlitzte Leinwände und Schnittbilder als »Concetti spaziale« ausstellte und bereits 1946 ein »Manifesto Blanco« publiziert hatte. Wenn Fontana Leinwände geschlitzt hat und Piero Manzoni ab 1959 die Linie verabsolutiert hat, dann ist es nur ultime Konsequenz, daß Brus, wenn er sich selbst als Leinwand sieht, sich selbst mit einer Rasierklinge schlitzt und auf seiner Leinwandhaut blutende rinnende Linien zieht. »Flüssige Malerei«, aber auf der Ebene des Körpers. Die schwarze Linie, die er 1964 vom Tafelbild ausgehend über sich selbst zog, wird 1968 zu einer blutenden Linie im Fleisch in einer Aktion mit dem bezeichnenden Titel »Der Staatsbürger Günter Brus betrachtet seinen Körper«.
Die Tachisten zogen einzelne Farblinien über die Leinwand, Hundertwasser zog 1958 eine (unendliche) Linie über die Wände eines Raumes, Manzoni zog eine virtuell unendliche Linie auf das Papier einer Druckwalze, Fontana schlitzte parallele Linien in monochrome Leinwände. Alles Bekundungen der Linie als elementarer Teil der Malerei.
Als Brus sich 1965 weiß anmalte und in der Aktion »Wiener Spaziergang« weiß bemalt mit einem schwarzen trennenden Strich vertikal über dem ganzen Körper durch Wiens Innenstadt ging, wurde er von der Polizei angehalten und wegen Erregung öffentlichen Ärgernisses verurteilt. Als Segal in »Busfahrer« (1962) seine gipserne Figur auf einen realen Autobus stellte, hat er den Galerie-Kontext nicht verlassen. Als Brus hingegen selbst als gleichsam gipserne Plastik durch ein reales Environment ging, wurde mehr als nur der Begriff der Bildfläche gesprengt. Ging es noch an, den Körper des Malers in der Selbstbemalung an die bemalte Bildfläche zu binden beziehungsweise aus der Bildfläche als Malobjekt herauszufallen, war dieser Versuch, die gesamte Welt als Malhintergrund zu sehen beziehungsweise die gesamte Welt als außerkünstlerische Wirklichkeit in das Kunstwerk miteinzubeziehen, also die sozial akzeptierten Grenzen der Kunst nicht zu akzeptieren, eine Auffassung des künstlerischen Raumes und des zeichenkontextuell definierten Kunstbegriffes, welche nicht nur an den Pfeilern des Kunstbegriffes, sondern in der Tat an den Grundfesten der abendländischen Wirklichkeit rüttelte. Deswegen traten Polizei und Psychiatrie auf den Plan, und die Kunstkritik hielt sich zurück.
Es ist absurd, erst in dem Moment die Psychiatrie zu rufen, wo ein Künstler sich Linien in die Haut schneidet. Man müßte gemäß dieser Logik schon von Psychopathologie sprechen, wenn irgend jemand die ersten Linien zu Papier oder auf die Leinwand bringt. Brus, der so offensichtlich abendländische Grundformen wie Linie, Kreis und Quadrat in seinen Aktionen verwendet (siehe die »Aktion in einem

27 AKTION IN EINEM KREIS 1966

Kreis« von 1966), betreibt damit nichts anderes, als den abendländischen Kalkül der Malerei zu durchforschen. Er treibt ihn voran, er geht ihm auf den Grund. Dort versucht er jenes Vakuum auszufüllen, das die Kluft zwischen Kunst und Leben in unserer Gesellschaft darstellt. Wenn Brus weißbemalt durch die Stadt geht und von der Polizei gestoppt wird, warum stoppt dann die Polizei nicht den erstbesten Maler, wenn er eine Linie zieht? Ab wann erregt eine Linie nicht ein öffentliches Ärgernis? Nur dann nicht, wenn sie im geschlossenen Raum der Kunstwelt stattfindet? Der »Spaziergang« erscheint verrückt. Warum erscheint nicht jede Zeichnung verrückt? In diesem ungeklärten Vakuum, das Brus mit seinem Spaziergang durchquert, liegen die Grenzen unserer Kultur, wartet aber auch die Tür der Transition. Wenn die Brusschen Aktionen die Psychopathologie und Polizei auf den Plan gerufen haben, dann ist es seiner Kunst gelungen, zu zeigen, was im Wesen der Kunst verborgen ist, der Unfriede mit der Realität. Jede Äußerung der Kunst ist an und für sich geeignet, die Instanzen des Staates zu erregen. Nur blieb es der Brusschen Aktionskunst vorbehalten, dies auch zu provozieren, den Staat aus den Höhlen der Macht zu locken. Es darf uns ja jene Parallelität nicht entgehen, daß die Linie bei Brus umso realer und schmerzlicher wird, je öffentlicher seine Person wird. Es ist schließlich erst der »Staatsbürger« Brus, der sich eine blutende Linie ins Fleisch schneidet. Die vorangehenden Selbstverstümmelungen waren ja vorerst noch Simulationen. Je mehr Brus von der bloß gemalten Selbstverstümmelung, denn aus der Malerei selbst stammt ja die Idee der Selbstverstümmelung, zur realen Selbstverstümmelung überging, umso mehr ging es ihm offensichtlich darum, das formulierte Problem der Identität von Darstellung und Dargestelltem im einmal gewählten Medium zu beweisen — an sich selbst, durch seinen Körper. Da gab es kein Entrinnen mehr.

Was sollte nun aber dargestellt werden? Was war es, dessen Darstellung, einmal übertragen und identifiziert, so schmerzlich werden konnte? Es war der Schmerz der Abbildung selbst, die Differenz von Sein und Schein, welche als Grundkonstante die abendländische Kultur durchzieht. Die abendländische Zivilisation ist durch eine duale Ontologie von Sein und Schein, von Wahrheit und Lüge, von Wirklichkeit und Traum gekennzeichnet, wobei die Kunst stets dem Strang des Scheins, der Lüge und des Traums zugeordnet ist. Künstler aber nun, die, wie aus den Zitaten ersichtlich, mit ihrer Kunst in die Wirklichkeit vordringen wollten, konnten diese Trennung und Unterbrechung nicht mehr akzeptieren. Schein sollte sich in Sein, Traum in Wirklichkeit verwandeln. Daher mußte auch jede künstlerische Aktivität in wirklicher Zeit und realem Raum vor Publikum stattfinden, weil das Publikum eine Kontrollinstanz für den Wirklichkeitsgehalt einer Aktion bildete. Für den Fotografen konnte ich eine Wunde noch simulieren, vor Publikum nicht.

Die ästhetischen Mittel wurden also Realien. Der Schmerz darüber, daß in der Abbildung erst die Kluft zwischen Sein und Schein geöffnet wird, die Differenz zwischen Bild und Objekt, sollte ausgelöscht werden, indem eben Bild und Objekt identisch wurden, daß es eben keine Abbildung mehr gäbe, sondern nur mehr Sein. Der Körper als Abbildungsmedium war dafür das ideale Medium. Wurde der Körper der Ort der Abbildung, verlöschte zwangsläufig die Kluft zwischen Sein und Schein, denn jede künstlerische Linie wurde automatisch auch eine reale Linie. Über sich selbst gebeugt, selbstreferentiell, konnte gehofft werden, daß sich der Abgrund, der sich aus der Abbildung ergibt, wieder schließt. Die Selbstreferentialität, die als Identität von Bildstruktur und Bildformat bei Stella und anderen noch ein relativ ephemeres Problem war, nimmt bei der Brusschen Selbstbemalung und Selbstverstümmelung eine tiefere und bedeutendere Dimension an, gerade indem er den Grundlinien der Kunst folgt.

Der abendländische Schmerz über die Differenz der Abbildung hat Brus zur Auswahl der Werkzeuge geführt, mit denen er seine Aktionen durchführt: Rasierklingen, Scheren, Nägel, Mauerklammern, Äxte, Messer, Gabeln usw. Keine individuell bedingte Psychopathie ist es, sondern das Ausdifferenzieren des kulturellen Erbes, welches Brus zum Märtyrer des Materials macht. In den Selbstverstümmelungen kommt die europäische Malerei zu ihrem ureigensten Mythos. Daß in den Selbstverstümmelungen zunächst einmal bildnerische Absichten am Werk sind und keine masochistischen Befriedigungen, wie ebenso gerne wie verständnislos unterstellt wird, ist allein schon daraus zu erkennen, daß das schmerzverzerrte Gesicht anfangs ja nur Simulation ist. Als dann die reale Marter auftritt, gibt es übrigens auch keine schmerzverzerrte Mimikry mehr. Das schmerzverzerrte Gesicht ist bildnerische Illusion. So wie ja auch die Werkzeuge der Marter nur arrangiert sind, noch nicht in Funktion. Brus entwirft anfänglich nur Tableaus der Tortur, reale Simulationen des Schmerzes. Erst 1967 verließ er den kontextuellen Hintergrund der Malerei und damit die Elemente der Illusion.

1968 noch, anläßlich des Prozesses zu der legendären Aktion »Kunst und Revolution« an der Wiener Universität (zusammen mit Muehl, Weibel, Wiener, Kaltenbäck) kommen die Gerichtspsychiater Dr. Groß und Dr. Quatember zur Auffassung: »Es handelt sich bei Herrn Brus um das Per-

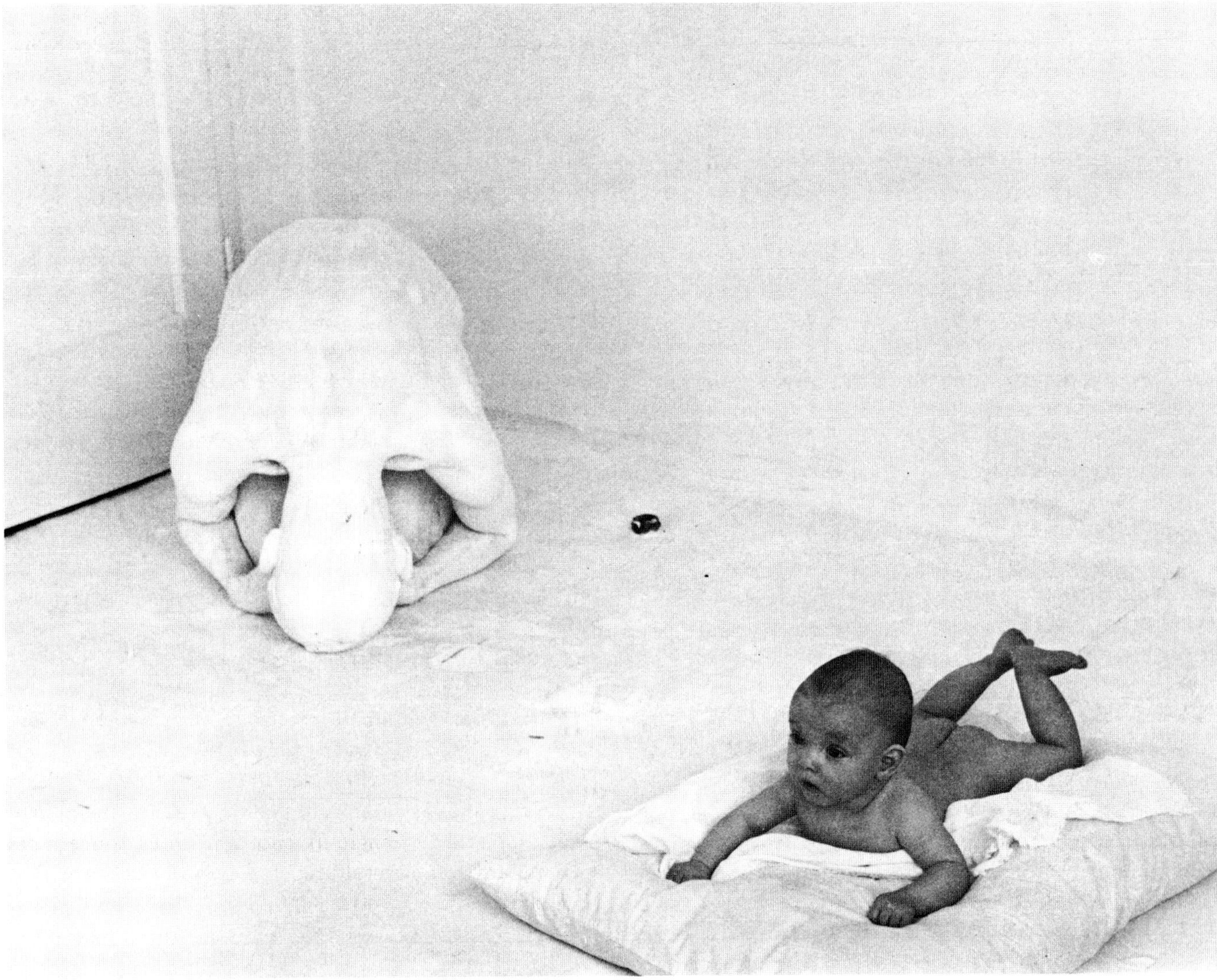

28 AKTION MIT DIANA 1967

sönlichkeitsbild einer Psychopathie.« Ebenso erschreckend das Niveau der Boulevardpresse, welche die direkte Kunst des Günter Brus als bloße »Schweinerei« bezeichnete, als »widerwärtige exhibitionistische Darbietungen, die den Abscheu der gesamten österreichischen Bevölkerung erregt hatten«.

Man versucht bis heute, die Aktionen von Brus außerhalb der Kunst zu stellen, und verweigert die Einsicht, daß gerade sie hochkünstlerische Leistungen sind, die aus der Kenntnis und der Tiefe der Kunst selbst stammen. Man verweigert also nichts anderes als Einsicht in den Prozeß der Kunst, indem man Brus den Prozeß machte. Die Einbettung in die Kunstproblematik um 1960 beweist ja geradezu schlagend, wie sehr die Aktionen von Brus durch kunstimmanente Probleme und nicht durch persönlichkeitsimmanente entstanden sind. Gerade durch seine Aktionen und ihre fotografischen Dokumente hat Brus die Malerei in eine Höhe der zeichentheoretischen Abstraktion gebracht, wie es in Europa kaum der Fall war, vergleichbar nur jener chinesischen Legende, wo ein Maler jahrelang sein Selbstporträt malt, bis es perfekt ist, er in das Gemälde eintritt und darin verschwindet. Diese Ästhetik des Verschwindens kommt ja auch schon in der paradoxen Definition der Selbstbemalung als Selbstentleibung zum Ausdruck. Die Aktionen zeigen die Malerei als Akt der Kruzifikation, wie bei Nitsch. Die Aktionen sind Malerei auf der Ebene des Mythos. In diesem Lichte können wir auch erkennen, daß van Gogh sich nicht in einem Akt der Sinnesverwirrung das Ohr abschnitt, sondern daß auch er auf dem Grund der Malerei angelangt war und in der Selbstentleibung gleichsam das Mysterium der Malerei geschaut hat. Van Gogh hat den Zusammenhang zwischen Christus-Mythos und Malerei-Mythos erkannt, ihren gemeinsamen Ursprung in der Differenz. Es war also ein zutiefst malerischer Akt, als er sich sein Ohr abschnitt. Warum malt der Mensch, warum gibt der Mensch Zeichen? Dieses menschliche Drama wird aufgerissen, wenn van Gogh sein Ohr abschneidet und Brus seine Haut aufschlitzt.

Allein eine kunstmethodologische Vorgangsweise, das heißt eine nach der Logik der Kunst, die sowohl der Kunst wie der Logik verpflichtet ist, hat Brus dazu gebracht, sich blutende Linien in den Leib zu ritzen, sich zu strangulieren, seinen Urin zu trinken, sich die Scheiße über den eigenen Leib zu schmieren, fremde Scheiße mit dem eigenen Mund aufzufangen, öffentlich zu urinieren und zu defäkieren. Diese absolute Reduzierung auf den Körper, auf die körperlichen Funktionen war eine Entleerung und Ablehnung unserer Kultur, wie sie in der bildenden Kunst noch nicht vorgekommen war, sondern höchstens im Absurden Theater. An Beckett hat sich denn auch Brus sehr gerieben. Wie das Absurde Theater haben die Brusschen Aktionen die Kunst und den Menschen auf ihre Ursprünge zurückgeworfen. Beide haben die konventionellen Gleichungen der Zivilisation zurückgewiesen. Das Theater wurde aber noch eher akzeptiert, da es ein Spiel der Zeichen blieb. Indem Brus aber den menschlichen Körper als künstlerische Konstante ins Kunstsystem eingeführt hat, weil dadurch die Identitätskrise des Tafelbildes am besten überwunden werden konnte, hat er die außerkünstlerische Realität in einem derartigen Maße berührt, denn alles, was sich im und durch den Körper abbildet, ist mehr als ein Bild, nämlich stets auch Wirklichkeit, daß seine künstlerischen Ergebnisse in einen anderen zivilisatorischen Zeichenprozeß vorgedrungen sind, wo die Zivilisation selbst, an ihrer Grenze angelangt, vor dem Nichts, vor dem Vakuum steht, über das sie in unentwegter Arbeit und panischer Rastlosigkeit eine Brücke schlägt, um nicht vom eigenen Abgrund aufgesaugt zu werden, welcher Abgrund nur mehr in den Träumen der Völker, ihren Mythen, und in den Seancen der Psychoanalyse zur Sprache kommt. Brus hat sich über diesen Abgrund gebeugt wie kaum jemand sonst. Seine Aktionen sind die Kunst aus der Tiefe dieses zivilisatorischen Abgrunds. Daraus versteht sich auch, daß Brus sich wieder weit zurückgebogen hat, bevor er in den Abgrund für immer stürzte, in den er so oft getaucht war. Was im Theater als fiktives Spiel noch akzeptiert wurde, die totale Reduktion, wurde in der Wirklichkeit des Körpers total verworfen. Die Kultur nabelte sich gerade von dem ab, der ihr den Nabel, den Geburtsort zeigen wollte. Die Zivilisation kehrte gerade dem den Rücken, der ihr die Rückseite des Spiegels zeigte. Erschrocken über das, was sie durch das Fenster der Brusschen Kunst von ihrem eigenen Abgrund sah, auf dem sie gebaut ist, schloß sie das Fenster und schloß Brus aus. So hat sie sich allerdings von sich selbst abgenabelt. Die Brusschen Aktionen sind das wahre »Endspiel« bürgerlicher Kunst und vielleicht ein anderes noch dazu.

Nach seinen monochromen und monosomatischen Aktionen in den Jahren 1964—1966 (Selbstbemalung, Selbstverstümmelung, Silber, Wiener Spaziergang, Starrkrampf, Transfusion), die zum Teil Film- und Fotoaktionen in Muehls Kelleratelier in der Perinetgasse, also nicht öffentlich waren, begann Brus mehr und mehr den malerischen Hintergrund zu verlassen und bewegte sich zum Teil auf theatralische Aktionen zu, insbesondere in den Arbeiten, die er gemeinsam mit Otto Muehl öffentlich vorführte: 1. und 2. Totalaktion, Vietnam-Party, Atem-Übungen und Ten Rounds (in London beim Destruction In Art Symposion) im Jahre 1966 und das Direct Art Festival im Wiener

Porrhaus 1967. Diese Zeit der Auflösung seiner Mono-Aktionen, 1966 und 1967, die durch eine intensive Zusammenarbeit mit Otto Muehl gekennzeichnet war, kann man auch als eine Zeit der Verzögerung und des Übergangs betrachten, bis Brus auf das Ganze ging, auf den Körper in der Direttissima. Erst die Erfahrungen der »direkten Kunst« lockerten ihn so weit, daß er mit dem Körper und seinen Funktionen direkt, ohne malerisches Material, arbeiten konnte.

Die »totalaktion (direkte kunst) ist eine synthese der materialaktion otto mühls und der selbstverstümmelung von günter brus. die totalaktion ist eine weiterentwicklung des happenings. totalaktion ist vorurteilslose auseinandersetzung mit allen materialen der wirklichkeit. die alten kunstgattungen versuchen wirklichkeit zu rekonstruieren, totalaktion vollzieht sich in der wirklichkeit. totalaktion ist direktes geschehen (direkte kunst), nicht wiedergabe von geschehen« (Brus/Muehl 1966). Bei diesen Aktionen, wo in der Tat die künstlerischen Elemente von Brus und Muehl zusammenflossen, befand sich weniger der Körper im Mittelpunkt, sondern wurde der Körper für theatralische Aktionen eingesetzt, die deutlicher denn je soziale Topoi attackierten, wie schon der Titel »Vietnam-Party« bezeugt. Anfänglich gab es auch in diesen Aktionen noch sehr viele malerische Elemente, erst in der letzten gemeinsamen Aktion, im Festival für direkte Kunst, überwogen die theatralischen Elemente. Entgegen den Behauptungen im Manifest überwog tendenziell sogar das theatralische Moment vor dem aktionistischen. Die Totalaktion vollzog sich zwar in der Wirklichkeit, als wirkliches direktes Geschehen, aber das, was es darstellte, zum Beispiel einen Krieg, war noch nicht wirklich genug, sondern nur theatralisch simuliert, scheinhafte Darstellung (wenn auch natürlich viel weniger als im konventionellen Theater). Die Stringenz der Selbstreferentialität und totalen Identifikation von Darstellung und Dargestelltem wie in der Selbstverstümmelung und Selbstbemalung fehlte.

Was aber bei diesen künstlerisch vielleicht weniger überzeugenden theatralischen Aktionen von Bedeutung war, kann man als die Invasion in einen neuen Zeichenraum, in den öffentlichen Raum und als eine Art Schälungsprozeß bezeichnen. Solange nämlich die große künstlerische Leistung, entschlossen das Subjekt, den Menschen, den Körper in den Mittelpunkt der Kunst zu stellen, sich nur im Keller ereignete, blieb die Wirksamkeit auf die Verbreitung der fotografischen Dokumente beschränkt, und auch die fand ja nur im engsten Zirkel statt. Außerdem mußte direkte Kunst ja per Anspruch direkt erlebt werden. Die direkte Kunst und auch die Körperkunst benötigten gleichsam als formales Element das Publikum. Das Publikum, die Öffentlichkeit bildete ein konstituierendes Element des Kunstwerkes selbst. Im Grunde kann man von einer Aktion, wenn sie ohne Publikum stattfindet, nicht als Aktion sprechen, denn zu den Kategorien des Realen gehören nicht nur Raum und Zeit, sondern auch das Publikum. Schaumalen ohne Publikum ist kein Schaumalen, wie der Begriff schon verdeutlicht. Das gleiche gilt für die aus dem Schaumalen hervorgegangene Aktion. Das wurde damals deutlich: die Öffentlichkeit als formal konstituierendes Element bildet eine Art Kontrollinstanz für den Realitätsanspruch der Aktion.

Wie der Körper aus der Malerei des Informel abgeschält wurde, so wurde langsam die Kunst vom Körper abgeschält, und der Körper blieb als eigenständiges Kunst- und Ausdrucksmedium im sozialen Raum übrig. Der soziale Raum ersetzte in der Aktion den Kunstraum. Der Körper wurde ohne Umwege über die Malerei direkt verfügbar. Die pure Leibhaftigkeit, wenn auch theatralisch inszeniert (»Den E-Schock bitte, ich kann nicht mehr« oder »Ich hack dir den Schädel im Hausflur ab, Gabriella«, Brus 1967), hat eine rasende Logik entwickelt, die den Körper als kulturellen und dann als sozialen Code decouvrierte. Als der nackte Körper im sozialen Raum auftauchte, explodierte der Skandal.

Die Sucht nach Öffentlichkeit konnte aber gelegentlich auch dazu verführen, wie bei Muehl, sie um jeden Preis zu finden und sie mit allen Mitteln zu provozieren. Die Reaktionen der Massenmedien und auch der Bevölkerung kann man in der Hilflosigkeit von einer Schlagzeile wie »Niemand darf ein Huhn im Namen der Kunst töten« zusammenfassen. Hierin kann man erkennen, wie die körperliche Aktion in den Kern der Gesellschaft vorgerückt ist, indem sie die Kunst an dessen Stelle setzte. Zum Kern der Gesellschaft gehört der Tod, weil der Kern unserer Gesellschaft und Realität die Macht ist. Höchste Macht hat inne, wer nicht nur Macht über das Leben, sondern auch über den Tod hat. In der Todeskontrolle kulminiert die soziale Kontrolle, daher gleichen auch unsere Krankenhäuser so sehr Gefängnissen. Wenn nicht im Namen der Kunst, so offensichtlich im Namen anderer dürfen Tiere getötet werden, wohl im Namen der Ökonomie und des Krieges. Wenn nun Kunst beginnt, dem Staat das Tötungsmonopol streitig zu machen, auch in der Selbsttötung und der »unendlich ausgekosteten Selbstentleibung«, dieser unendlich verzögerten Selbsttötung, dann geht es einzig und allein darum, die Todesproduktion selbst zu brechen. Wenn ich anfangs von dem Paradox sprach, daß die Einführung des Körpers in das Kunstwerk im Zeichen der Selbstverstümmelung und der

29 PLAKAT 1968

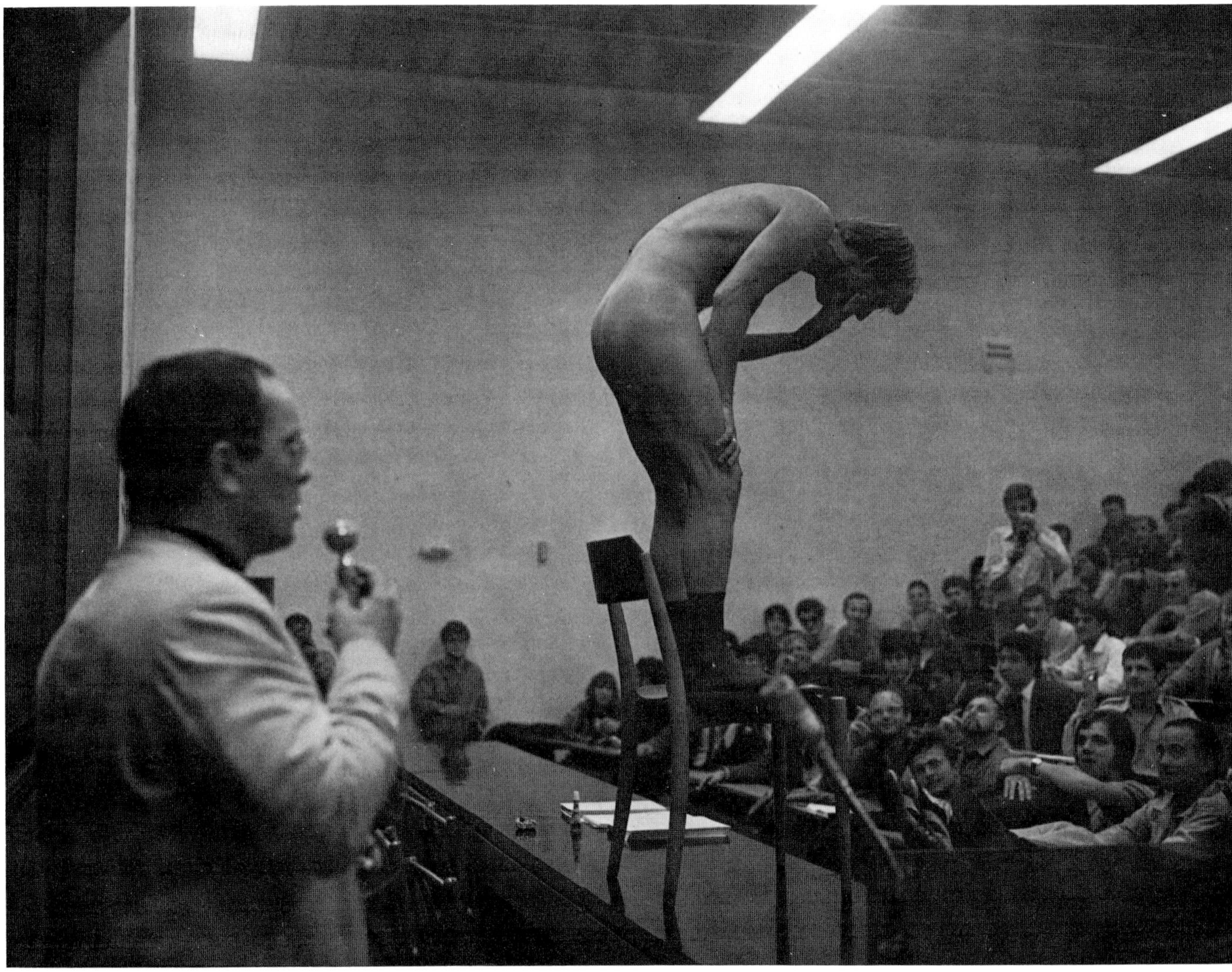

30 AKTION KUNST UND REVOLUTION 1968

gleichzeitigen Ent-Leibung geschah, können wir nun die Quelle der Antinomie erkennen. Wenn die Kunst selbst die Entleibung, den Tod beansprucht, also vom anderen Pol der Mächtigkeit beginnt, dann eben nur, um die allgemeine Todesproduktion zu stoppen und sich gegen jene Systeme von Symbolen und Werten aufzulehnen, die den Tod produzieren, was sie kaschieren wollen im Namen irgendwelcher Symbole. Erst in der Kunst taucht der Tod als Tod wieder auf. Mit der Insistenz auf dem Leib, die verschärft wird durch die Insistenz auch auf der Ent-Leibung, zielt die Kunst auf den Pol des Lebens, indem eben im Namen der Kunst getötet wird und nicht im Namen bisheriger Lizenzen. Erst so treten der Schrecken und das Grauen hervor, welche in den Kern-Katakomben unserer Gesellschaft nisten. Ähnlich wie das Auftreten des Tods im Karneval. Die Körperaktionen sind also eine Flucht aus der allgemeinen Todesproduktion und ein Aufstand des Lebens.

Gerade in der pursten Leibhaftigkeit, welche auch die verdrängtesten Funktionen des Leibes als Ausdrucksmittel benützt, wie sie die dritte Phase der Brusschen Aktionskunst (1968—1970) kennzeichnet, wo der Körper wirklich geritzt und geschnitten und die Ausscheidungen des Körpers selbstreferentiell wieder in den Körper zurückkehren, indem Urin getrunken und Kot in den Mund genommen wird, ist die Ontologie der Kunst redefiniert worden. Die Dekonstruktion des Kunstwerkes durch den Leib hat zu einer neuen Ontologie der Kunst geführt. Die symbolische Ordnung, die mit der Verdrängung des Körpers verbunden ist, wurde mit den Körperaktionen in ihrer Totalität aufgebrochen. Durch die reale Verstümmelung des Körpers wurde die Realität der sozialen Codierung des Körpers und die verstümmelnde Funktion der sozialen Codierung angegriffen.

Der Körper ist die Insertion des Subjekts in die Welt. Mein Körper ist es, der die Welt bewohnt, und durch den die Welt in mir wohnt. Durch meinen Leib erfahre ich sowohl die Repression, den Zwang der Welt, wie meine Freiheit. Der Körper ist der Schauplatz der Souveränität und ihrer Unterdrückung. Er ist derjenige, der verneint wird, und gleichzeitig der Andere, den er verneint.

Hier ist das Problem der Destruktivität beziehungsweise Selbstdestruktivität im Brusschen Œuvre anzusiedeln. Nicht in seiner Psychologie oder Person. Als Verstümmelter ist er ja auch gleichzeitig Verstümmelnder, da er es war, der seinen eigenen Leib geritzt hat. Hat das Informel auch l'Art Autre geheißen, die andere Kunst, so sehen wir, wie in der Ausdifferenzierung des Informel in der Körperaktion auch der Begriff des Anderen mitausdifferenziert wird. Das relativierte Ich, das auch vom Anderen gesprochen wird, wenn es »Ich« sagt, ist es, das als Verstümmeltes und Verstümmelndes durch den (eigenen = anderen) Körper die Verstümmelung der Welt und die Verstümmelung, die dem Ich und dem Anderen durch die Welt angetan wird, zur Sprache bringt.

Als Teil der Welt, die sein Körper, ist die an ihm verübte Gewalt Gewalt an der Welt selbst. »Selbstbemalung als unendlich ausgekostete Selbstentleibung« (Brus) ist also Selbstdestruktivität, Selbstdestruktion der Welt, aber auch die Destruktion, die er durch die Welt erfährt. Ist der Körper die Welt und das Andere, bedeutet aber Selbstent-Leibung auch Selbstentblößung, das heißt Selbstaufhebung der Welt. Mit seinem Körper löst Brus auch die Welt auf. Selbstentleibung heißt auch Weltentfernung, Aufhebung der über den Körper erfahrenen Destruktivität der Welt.

Mit seinen »Körperanalysen« (Brus), je härter sie werden, je mehr sie auf die purste, verdrängteste und natürlichste Leiblichkeit zurückkehren, umso mehr versetzen und entsetzen sie die Welt gleichermaßen. Die Weltanalyse wird umso dringlicher, je tiefer Brus in seinen Körper vordringt und alles andere abbaut. Es beginnt »der helle Wahnsinn« (Titel einer Aktion im Februar 1968). Bei dieser Aktion hat Brus sich erstmals mit einer Rasierklinge in den Leib geschnitten, seinen öffentlich gepißten Urin getrunken und öffentlich defäkiert. In den folgenden zwei Jahren hat er in den Aktionen und Aktionsfilmen »20. September« (schon 1967, ein Film von Kurt Kren), »Kunst und Revolution«, »Der Staatsbürger Brus betrachtet seinen Körper«, »Kunststücke«, »Satisfaction — G. Brus bittet um Ruhe«, »Körperanalyse«, »Psychodramolett« und schließlich »Zerreißprobe« diese Elemente verschärft und auch hier wiederum Vorgaben der Kunstgeschichte folgerichtig entfernt, wie zum Beispiel die in Konservendosen verpackte und signierte »Künstlerscheiße« von Manzoni. Dieser Körperaktionismus, wo die Gewalt, die er sich antat, die Gewalt war, die ihm angetan wurde, aber auch der Welt, das heißt dem Anderen, hat die traditionellen Kunstauffassungen so in Frage gestellt, daß es falsch wäre, die eigentlichen Aussagen hinter einer Flucht in die Kunst zu tarnen. Diese Körperaktionen waren höchste Kunst, weil sie das Erbe des Informel und der damit verbundenen Ästhetik, Ontologie und Epistemologie, diese Beunruhigung des zeitgenössischen Geistes, konsequent zu Ende geführt haben. Sie waren aber auch keine Kunst, weil sie gottseidank mehr waren als Kunst, weil sie transgressive, die Kunst überschreitende Kunst waren. Brus agierte in Kreisen und Spiralen, in archaischen Formen des Ausdrucks und des Gefühls, um den Kern der Existenz freizugeben, wo Freiheit und Widerstand, Gewalt und Überleben angesiedelt sind. Wie für Beckett waren auch für Brus die Selbstzerstö-

rung, das Fressen von Dreck und Trinken von Urin letzte Anstrengungen des Lebens, Anstrengungen des Lebens in den letzten Bedingungen, letzte Versuche, trotz allem in der Todeszone zu überleben. Beyond death control durch Körperfanatismus, durch Überlebenstraining.
Die Bronze-Flaschen von Jasper Johns, wo man nicht weiß, ist das nun eine bemalte Flasche oder ein Gemälde in Flaschenform, eine Plastik oder ein Gemälde, sind epistemologisch wegen dieser Differenz von Interesse. Eine Investigation jedoch, wo man nicht weiß, ist das nun Scheiße oder braune Farbe oder Lehm, was da gegessen wird, ist das nun Blut oder rote Farbe, was da rinnt, ist das eine Wunde oder eine Linie, ist das ein Körper oder ein Kunstwerk, geht an die Existenzialien, geht über das epistemologische Interesse hinaus. Indem Brus radikal und konsequent einen Weg der Kunst zu Ende geführt hat, trieb er aber gleichzeitig eine kritische Untersuchung des zugrunde liegenden Zeichensystems voran, welche die in diesem Zeichensystem implementierte Kunst und Kultur demolierte und die Frage nach dem Menschen neu stellte. Die bloß formalistisch gemeinte These Heinrich Wölfflins, der menschliche Körper bleibe der archetypische Gegenstand von Kunst, hat durch Brus eine unerwartete, aber zukunftsweisende Interpretation erfahren. Man vergleiche den »Wiener Spaziergang« (1965) von Brus, wo der ganze Mensch bereits weiß bemalt und mit einem schwarzen Strich überzogen war, mit den Gesichtbemalungen von Arnulf Rainer 1968 und dem schwarzen vertikalen Strich von Rainer auf einem nackten Mädchen 1967 anläßlich einer Ausstellung des Pintorarium (Hundertwasser, Rainer, Fuchs). Brus hat einen Großteil des Katalogs der nachfolgenden Verhaltenskunst und Performance bereits erarbeitet. Er war ein Solo-Virtuose des Körpers, dessen Körpergesang von einer späteren Künstlergeneration reich orchestriert wurde. Man vergleiche »rocked hand« (1970) von Dennis Oppenheim, wo die linke Hand unter Steinen verschwindet, welche die rechte Hand drauflegt, mit der Aktion »Starrkrampf« (1965) von Brus, wo die Hand, mit Schnüren an die andere gebunden, immer wieder im Sand, der Erde, im Maldreck versinkt, desgleichen »Zehendeformation« und »Wound« (beide 1970) von Oppenheim mit den Körperschnitten von Brus seit 1968. Die »Transvestiten-Aktion« (1967) von Brus hat vieles von Lüthi bis Klauke antizipiert, seine Selbstverletzungen von Gina Pane bis Vito Acconci alles. Die »singing sculpture« von Gilbert & George grüßen ihn aus der Nähe. Ich zähle diese Beispiele nicht nur auf, um die Priorität von Brus hervorzukehren, sondern vielmehr darum, um auch a posteriori die Richtigkeit des von ihm eingeschlagenen Weges zu beweisen. Nicht nur in der Darlegung der ihm vorausgegangenen Kunstbewegungen und Künstler, sondern auch in jener der nachfolgenden können wir die geschichtsmächtige Größe der Aktionskunst von Günter Brus ermessen. Durch seine Körperaktionen weht der Wind anderer Welten, die den Schauplatz der menschlichen Souveränität verändern und neue Existenzformen mit sich bringen. Wenn gerade die natürlichsten Produkte des Menschen, wie Urin, Kot, Blut, zu Kunstwerken, und die elementarsten Organe des Menschen, wie Genitalien und After, zu Werkzeugen derselben erklärt werden, dann wird die Krise unserer Epoche am tiefsten bedacht, die eben gerade darin besteht, die beiden Pole Natur und Kultur nicht verbinden und synchronisieren zu können. Natur und Kultur durchdringen einander im menschlichen Körper, welcher der Ort von beiden ist. Natur und Kultur dürfen einander nicht ausschließen, sondern müssen miteinander verkehren und verkehrbar sein, sollen nicht beide und wir mit ihnen verschwinden. Dies lehrt uns die Körperkunst von Günter Brus.

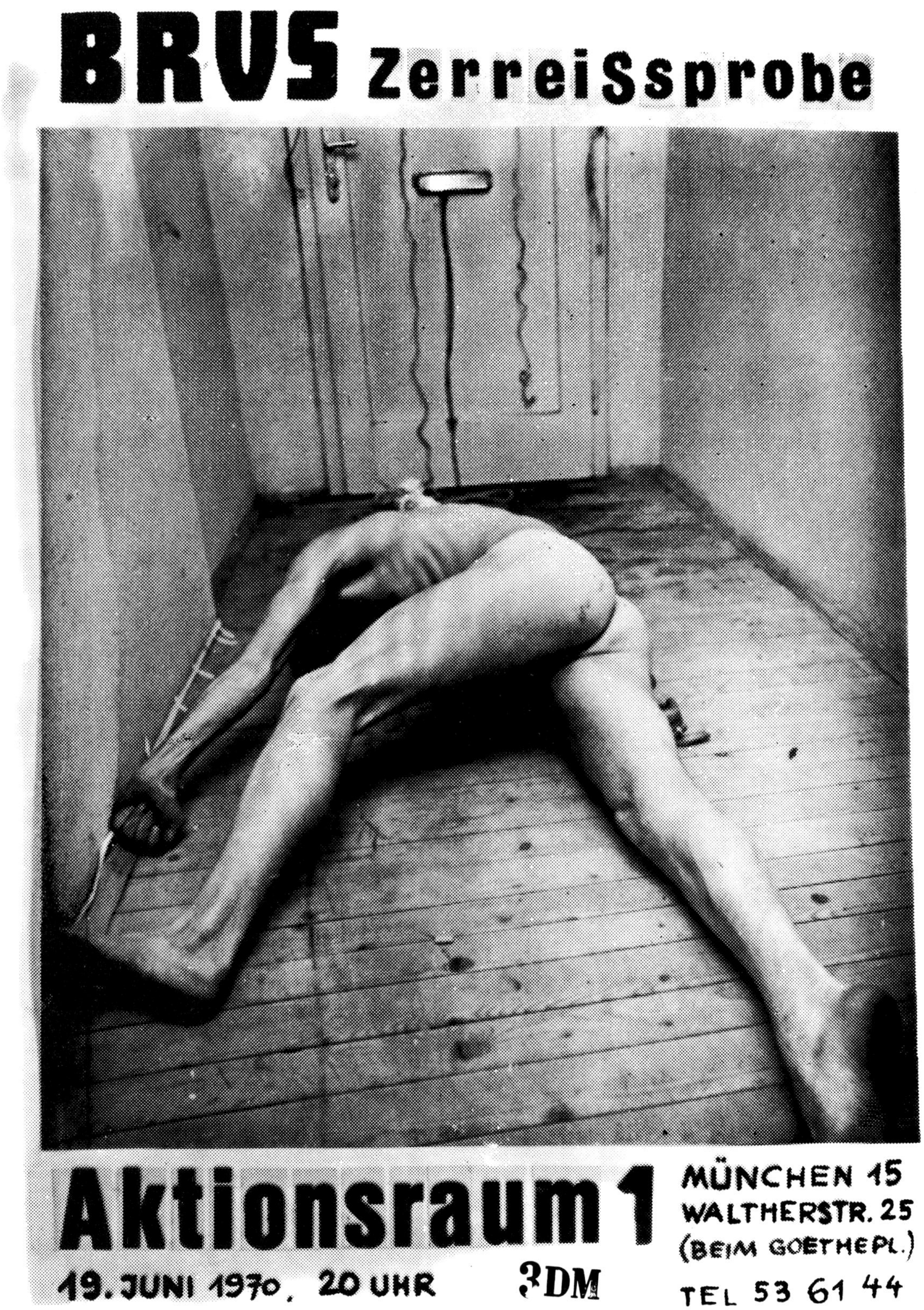

31 PLAKAT 1970

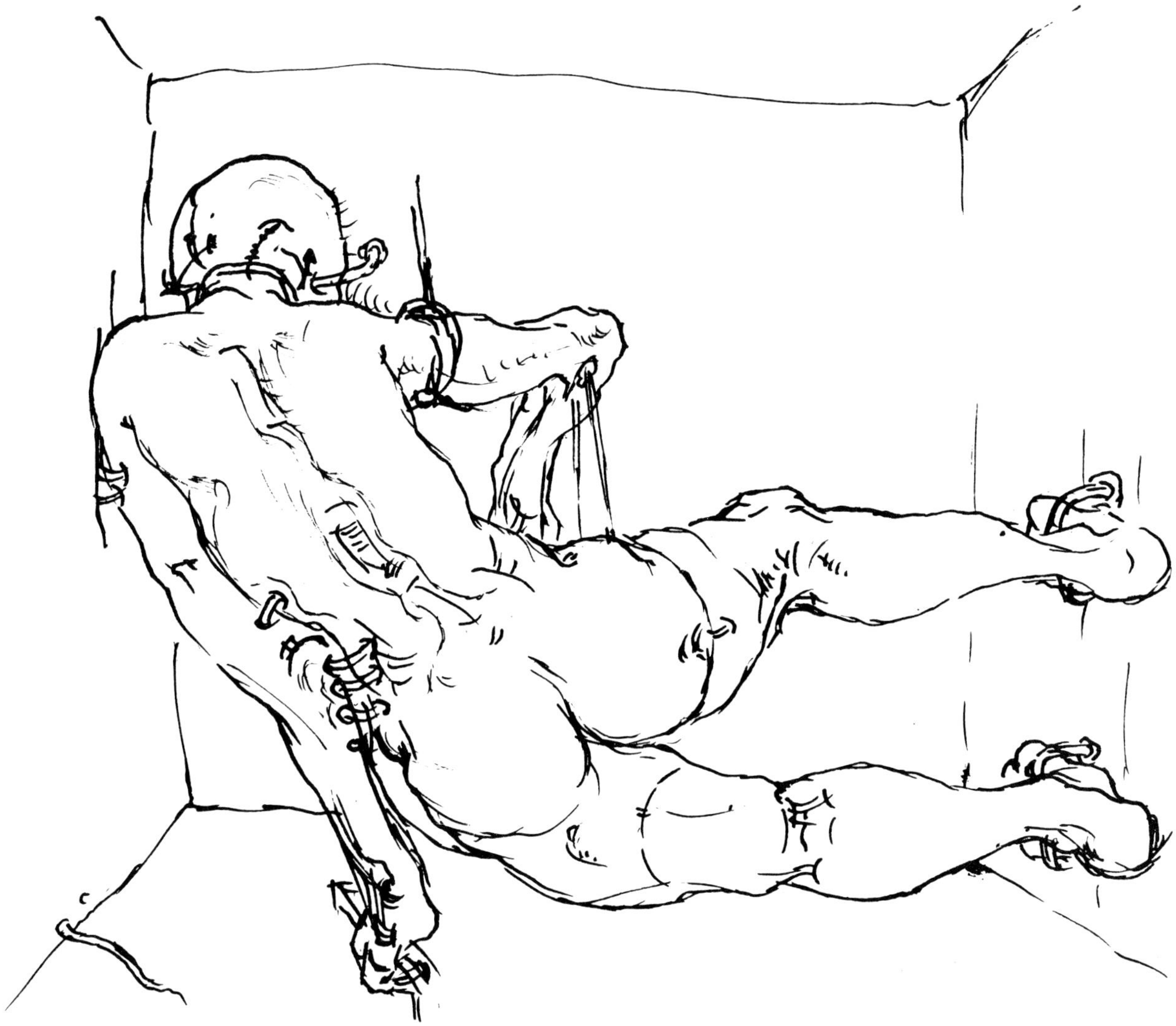

32 OHNE TITEL 1966

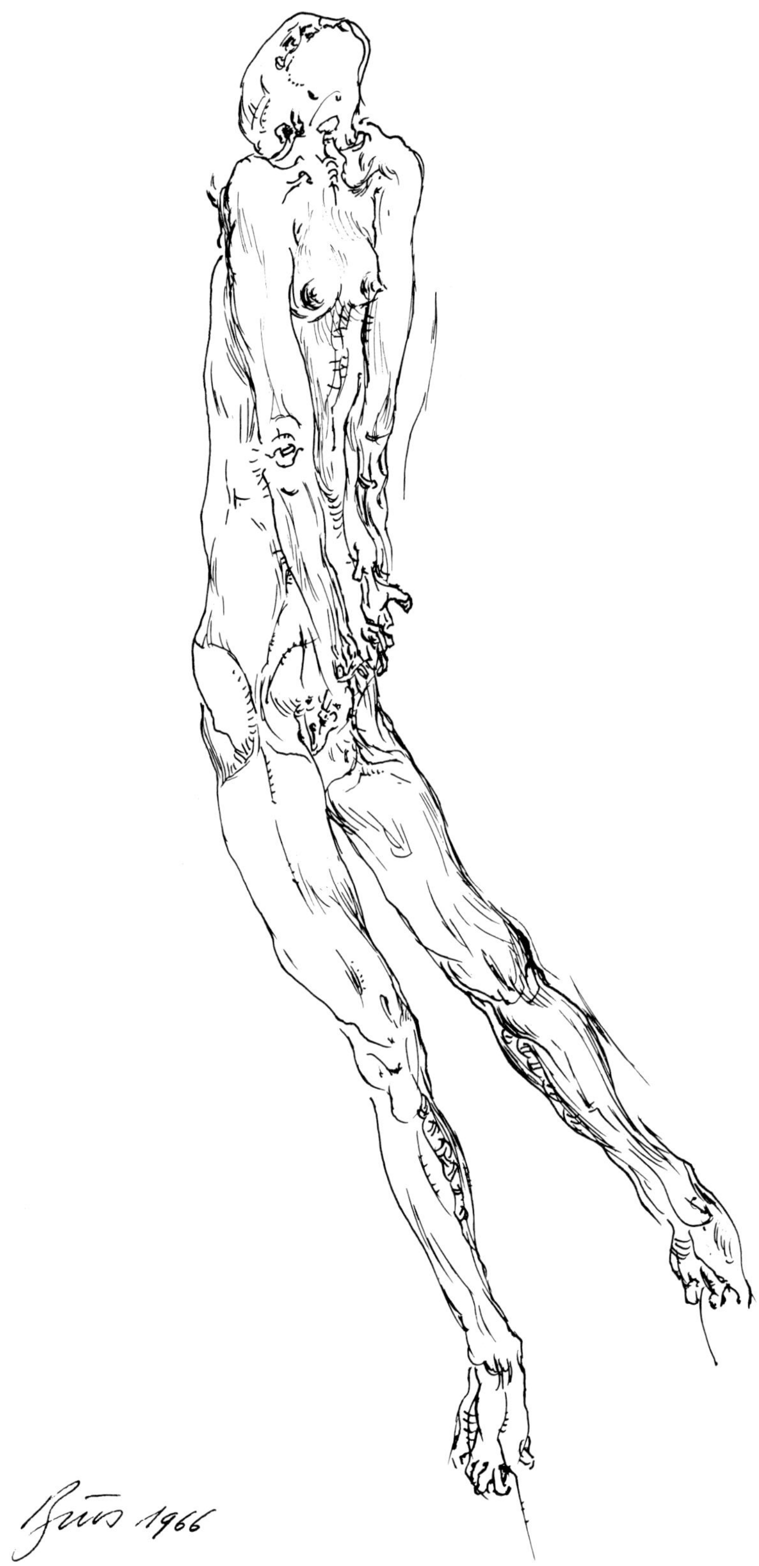

33 OHNE TITEL 1966

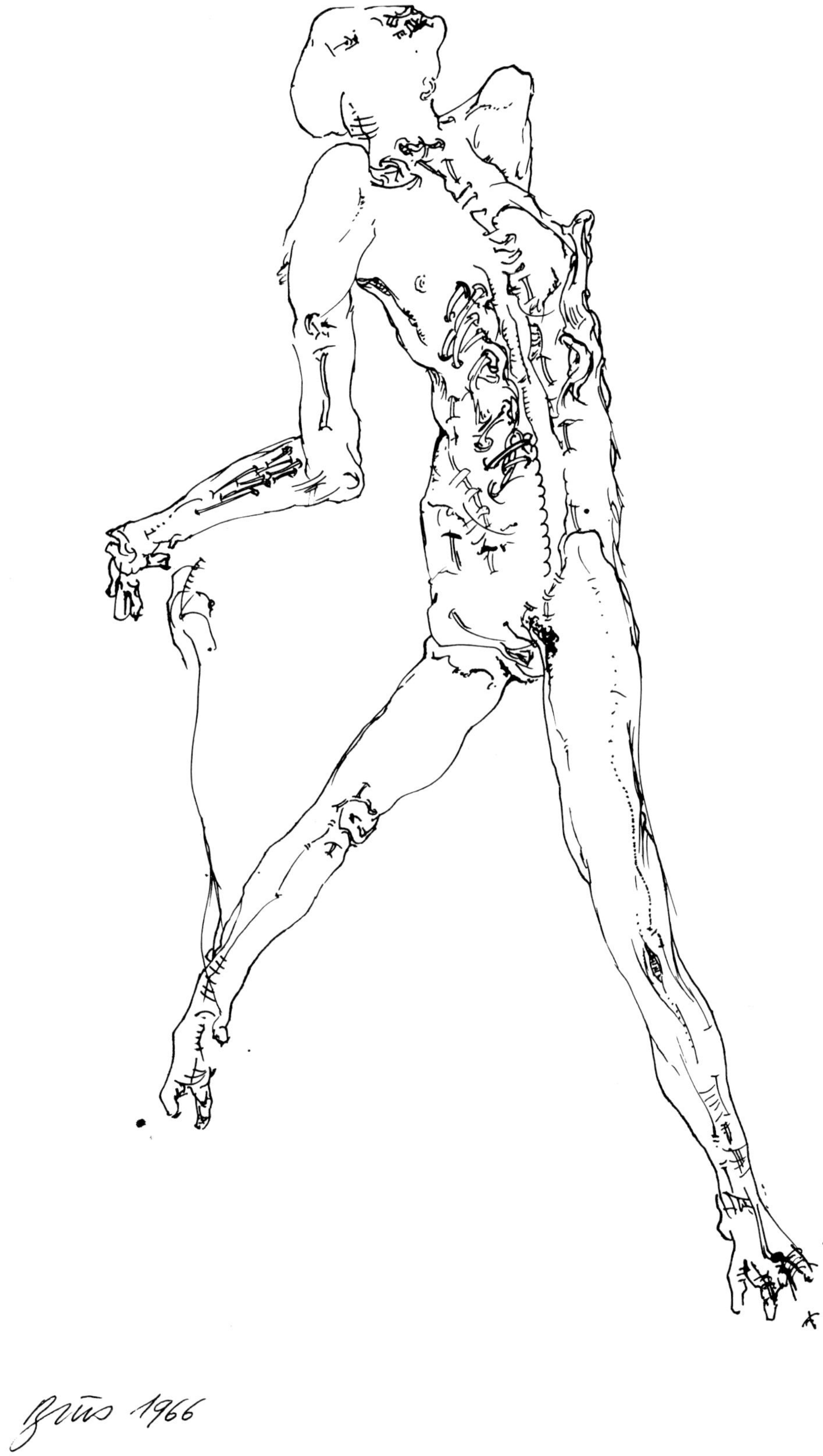

34 OHNE TITEL 1966

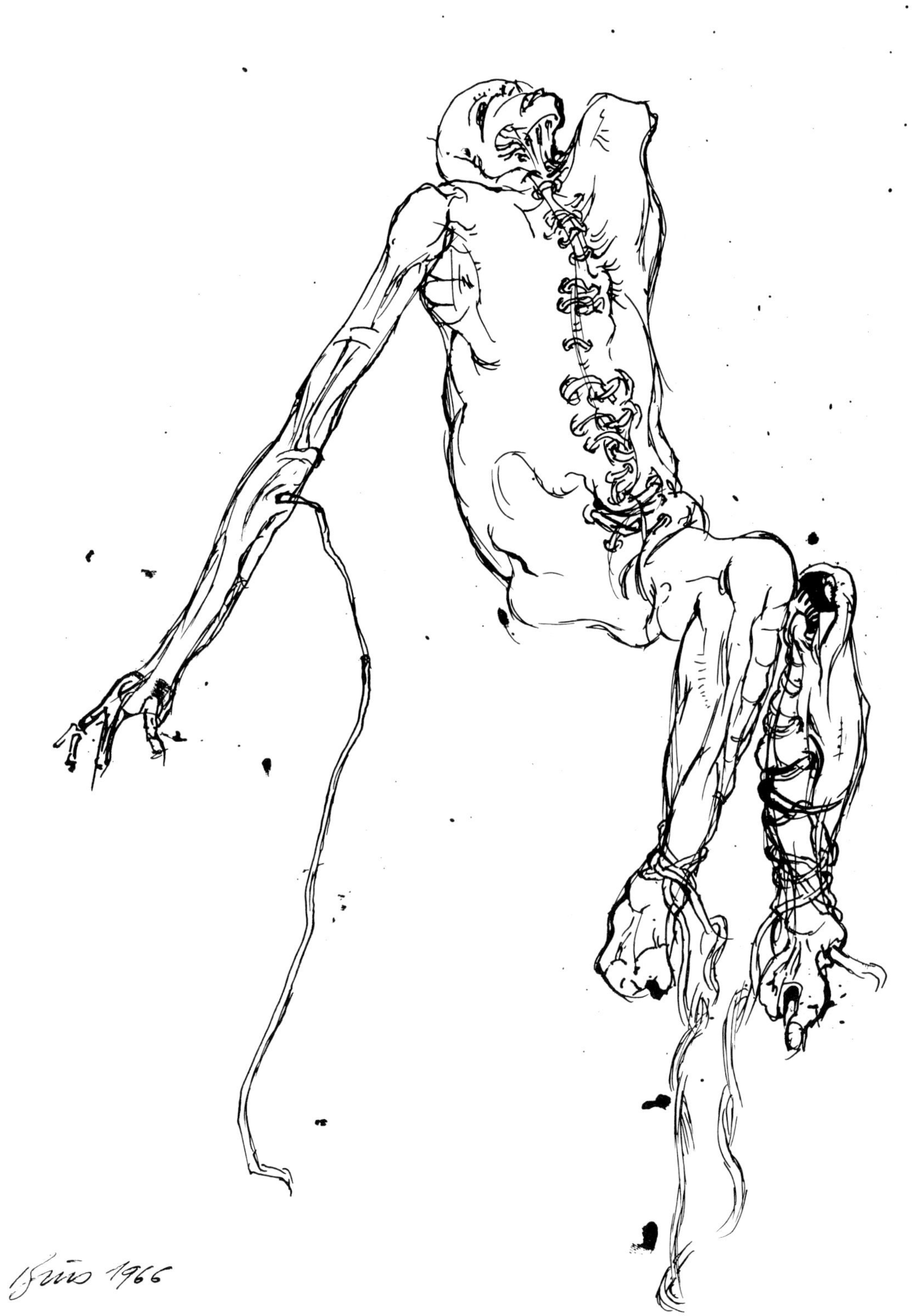

35 OHNE TITEL 1966

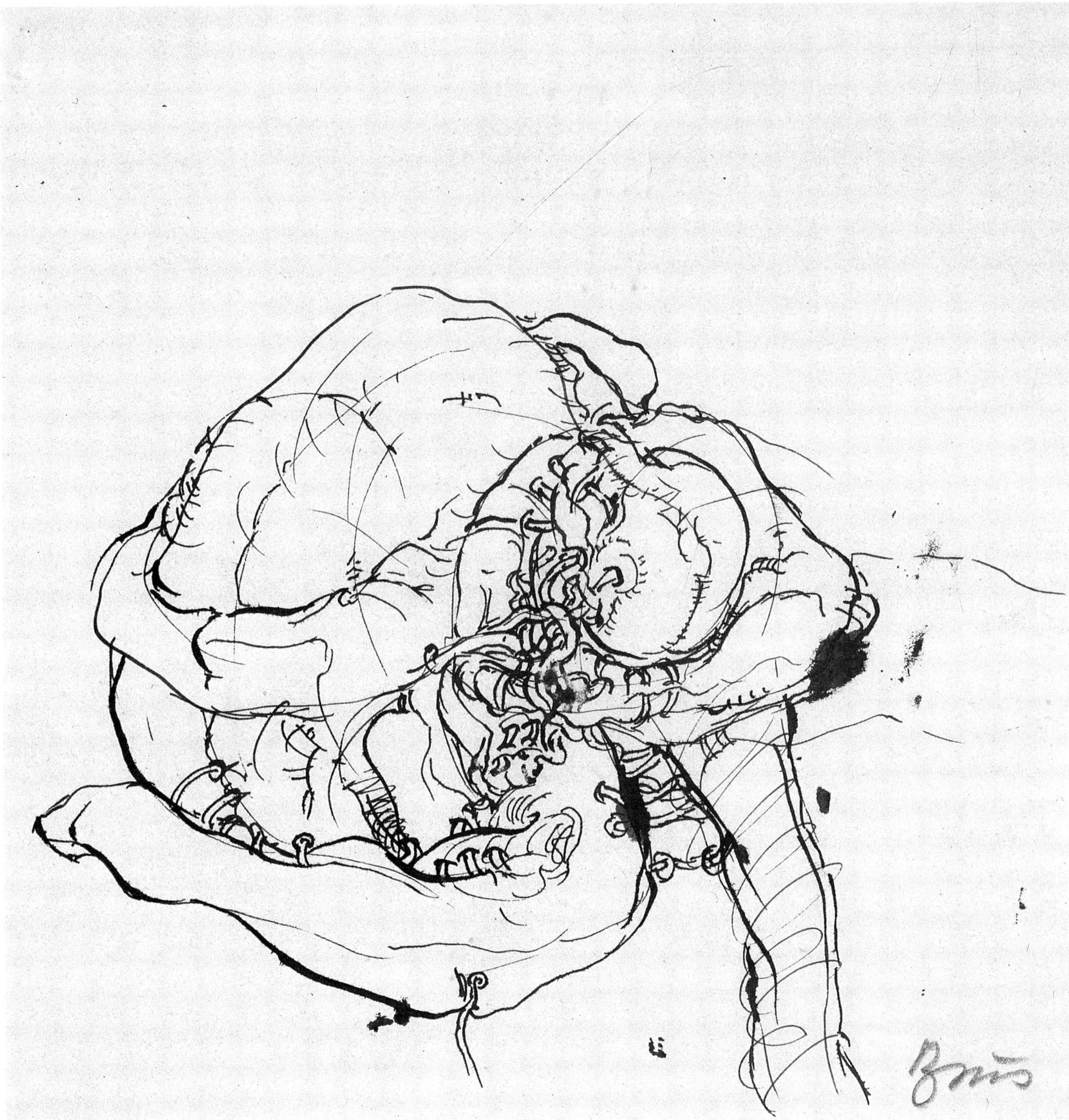

36 OHNE TITEL um 1967

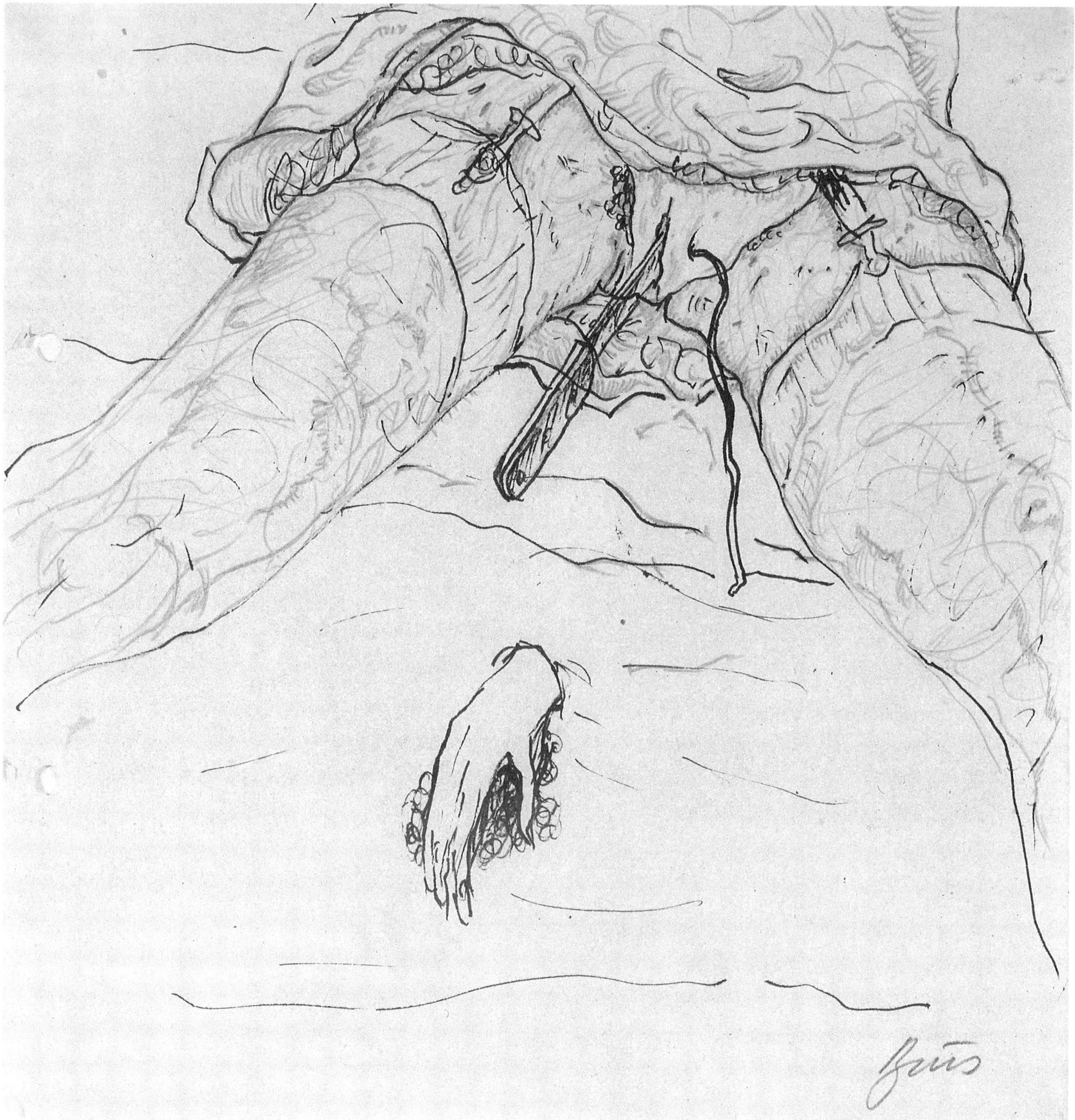

37 OHNE TITEL 1967

PETER WEIBEL

Das ende der konstanz.

zu den zeichnungen von günter brus.

der großteil der zeichnerei heute

ist der abfall vergangener epistemologischer systeme. noch immer rühmt man die tote meisterhand, die ein porträt oder eine landschaft entwerfen, uns eine getreue abbildung der objekte der welt schaffen kann. doch solche abbildnerische funktion des zeichnens ist auf dem wissenstheoretischen niveau der epoche leonardo DA VINCIS, als die theoretiker der wahrnehmung noch nach einer theorie der retina forschten. die für das damalige welt- und wissenschaftsbild bestimmende vorstellung, im gehirn müsse sich eine geometrisch getreue repräsentation der äußeren welt finden, entsprach dem damaligen stande der anatomie und optik (entdeckung der perspektive, der camera obscura etc). zeichnung und malerei setzten sich mit retinalen prozessen auseinander (flächen, proportion der teile, farben, schatten und licht, kontur etc).

die ›retinale‹ zeichnung

hatte die widerspiegelung der wirklichkeit, so wie sie sich dem auge darstellt, zum ziel (»der spiegel ist unser lehrmeister«, leonardo). das umgekehrte retinale bild, ein bruch in der konstanz der geometrischen repräsentation, stellte demgemäß da vinci und die zeitgenössischen theoretiker vor ein perplexes puzzle. der gedanke, daß der mensch kein spiegelbild der welt ist und sich in ihm die welt auf andere weise fortsetzt, war im damaligen system nicht denkbar. insoferne war leonardo DA VINCI ein legitimer meister der retinalen zeichnung. er studierte optik und anatomie, sezierte tierische und (zum ersten mal) menschliche leichname, zeichnete nerven, sehnen, muskeln und knochen anatomisch richtig, leonardo erforschte die sichtbare wirklichkeit des körpers. der körper erschien als bloßes objekt, bar aller seiner sozialen, psychischen und physikalischen funktionen (sexualität trat höchstens auf als plastisches moment).
mit fortschreitender kenntnis vom menschen wurde klar: einverständnis mit dem, was er sieht, errichtet, wer nur sieht. honoré DAUMIER verkündete das ende der ›retinalen‹ zeichnung. er erkannte bloße abbildung als affirmativ. soziale oder physiologische implikationen, für deren wahrnehmung das auge nicht mehr ausreichte, spielten in seinen zeichnungen eine designierende rolle. man erinnere sich an »la colique«, wo kobolde eine durch den bauch gesteckte säge ziehen, etc.

›perzeptives‹ zeichnen,

das zur übertreibung als mittel der interpretation und zur karikatur als instrument des begriffs & der kritik führte. grandville, vollender und pionier, polte die abbildung der welt zum entwurf einer »anderen welt« um: der menschliche körper als tierkörper, menschliche eigenschaften und verhaltensweisen in tierischen repräsentationen. objekte und menschen wurden zeichnerisch deformiert, um sie in ihren moralischen und ökonomischen deformationen zu enthüllen. daumier und grandville legten körperliche und soziologische mechanismen & strukturen bloß, die dem auge echappierten.
der weg der visuellen informationsverarbeitung beginnt mit der retina und endet im interpretativen cortex. den gleichen weg ist die (entwicklung der) zeichnung gegangen. immer weniger interessant wurde, was auf der retina passierte, die transmission der signale, rezeption und erkennung der formen und farben wurden immer mehr zum zentrum des interesses, und die isomorphe übertragung der visuellen stimuli auf die leinwand wurde immer problematischer. bezeichnenderweise waren es sog. alkoholiker, syphilitiker, schizophrene . . . (alle formen devianten bewußtseins) im ausgehenden 19. jahrhundert, die jene letzte stufe der visuellen wahrnehmung, wo die nervenerregungen die perzeptuelle ebene des gehirns erreichen und unserem bewußtsein eine repräsentation der äußeren welt bieten, als grundlage für ihre zeichnungen entdeckten. in ihren köpfen produzierten sich bilder der welt, die in der welt nicht zu finden waren. sie spürten den zusammenhang zwischen wahrnehmung und begriffsbildung. denn je mehr ihrem bewußtsein abweichende bilder der welt sich boten, desto abweichender wurde ihr bewußtsein klassifiziert. die künstlerische entwicklung von ernst josephson und f. hill, deren werke aus ihren letzten schaffensperioden (um 1900) — extrem moderne zeichnungen delirierender und dissidenter gehirne — in den vorliegenden voluminösen monographien unverhältnismäßig geringe beachtung finden, ist bezeichnend dafür. desgleichen die haltung duchamps, der explizit die »visuelle sprache« und die »retinale malerei« verhöhnte, weil für ihn bereits alles conceptuell wurde, d. h. von anderen

dingen als von der retina abhängig. um die jahrhundertwende also setzte die diskontinuierliche entwicklung eines zeichnungstypus ein, mit den frühen comic strips/comic cuts und den surrealisten als forcierenden kräften, der jedoch erst im letzten jahrzehnt klare konturen erlangt hat:

die ›k o g n i t i v e‹ zeichnung,

die auf die neuronalen mechanismen & prozesse oder/und kognitiven bedingungen des wirbeltieres mensch rekurriert. die forschungen der letzten 50 jahre haben die ansicht durchgesetzt, daß die ereignisse im gehirn in jedem physikalischen sinn willkürlich anders als die wahrgenommene welt sein können, daß also die isomorphie von welt und abbild durchbrochen wurde. welche regeln wiederum durch die kommunikation determiniert werden. wir erkennen, erkennen wie-der, was die kommunikation zuläßt, die kommunikation als agent einer repressiven sozialisation. die perzeption, geleitet von einer kommunikativ kontrollierten semantik, nimmt nur mehr für wahr, was sie wahrnimmt. das ist das ziel des staates und seiner politik der immunisierung. bilder, die abbilden, wie es das auge sieht, sind systemverstärkend, indem sie die bedeutungen identisch transmittieren. nur bilder, die gegen jene semantischen regeln verstoßen, die bedeutungen nicht-analog, nicht-homolog und nicht-identisch mit der visuellen wahrnehmung übertragen, sind systemsprengend. kritik, zu der die perzeption nicht fähig ist, wird perzeptiv möglich durch eine *verbegrifflichung der zeichnung.*
die kognitive zeichnung, die das bild dem begriff annähert, unternimmt es, zeichnerisch die wahrnehmung zu erweitern, zeichnerisch den standard der perzeption zu verlassen. zu den wesentlichen anstrengungen jenes begrifflichen zeichnens, notion drawing, gehören bislang u. a. die computerzeichnungen und, so überraschend es klingen mag, die zeichnungen von günter brus.
die von computern generierten zeichnungen stehen jedoch, ebenso wie die elektronischen modelle der wahrnehmung, im dienste eines zieles: der bildverarbeitung (picture processing) durch computer, für die das grundlegende problem und interesse beinahe ausschließlich der repräsentative aspekt ist. industrie und militär sind daran interessiert, objekte der realen welt zu entdecken und zu speichern. selten sind die versuche, computer-algorithmen für die transformation gegebener realer objekte herzustellen, und wenn, dann schwächlich, wie z. b. die deformation von porträts oder die bekannte arbeit der japanischen computer technique group »running cola is africa«, wo ein laufender mann in eine colaflasche und diese in eine landkarte von afrika verwandelt wird. hier werden wohl unvermutete ähnlichkeiten oder abweichungen entdeckt bzw. provoziert, doch sind es solche der gestalten, d. h. ähnlichkeiten oder abweichungen nur für das auge, also wieder auf retinalem niveau. die technik der computer drawings, durch den gebrauch mathematischer operationen am bild das bild zu einem mathematischen objekt, zu einer »bildfunktion« (m. minsky) zu machen, ist eine technik der kognitiven zeichnung, deren ästhetische anwendung jedoch zumeist auf retinales niveau zurückführt.

GÜNTER BRUS

scheint die ergebnisse solcher forschungen bereits intuitiv in das system seines wissens inkorporiert zu haben. er setzt einen markstein in der entwicklung der kognitiven zeichnung, indem er für die kognitive zeichnung jene position fixiert, wo sie alle ihre techniken, u. a. die gegenwärtigen und (künftigen) der künstlichen mustererkennung (artificial pattern recognition), einsetzt, um der zeichnung zu geben, was der zeichnung ist: nicht die abbildung, sondern die detektion. wenn günter zu seiner tochter diana sagt »zeichnen kann man alles — es ist ja nur eine zeichnung«, so sagt er ihr mit anderen worten: wird die zeichnung als bildfunktion oder zeichenkalkül aufgefaßt, kann sie frei transformiert werden nach den regeln einer algebraischen oder strukturalen bildgrammatik und -semantik, mehr noch, können ihre zeichen frei moduliert werden nach bewußt eingesetzten auswahl-regeln usw. dadurch wird die zeichnung freigesetzt für begriffliche operationen. die idee einer transformationellen semantik macht die zeichnung zu einem muster von symbolen, das zu anderen mustern von symbolen in beziehung gesetzt oder transformiert wird. wegen dieser symbolmanipulation, der informationstheoretischen behandlung des bildes, kann der schwanz gleicherweise am knie wie in der achsel hängen, kann der kot aus dem after oder direkt aus dem bauch austreten.
ein mißverständnis wäre die interpretation, daß brus mit »parsing-procedures« (zerlegungsprozeduren) eine visuelle szene zerlegt und nach bloß syntaktischen oder grammatikalischen regeln neu aufbaut. wohl arbeitet brus mit parsing-prozeduren, doch er trennt diese nicht von semantischen prozeduren. wenn brus analogien entdeckt oder zerstört, ambiguitäten stiftet oder löscht, arbeitet er raffiniert mit komplexen semantischen operationen, die die kontextuellen und konnotativen relationen betreffen. die solcherart affizierten objekte der visuellen wahrnehmung liefern die kognition. wenn er nina rindt mit ihrer tochter nackt auf der rodel zeichnet, mit dem slogan »die slalom-republik österreich wünscht alles exilmitgliedern . . .« versehen, so ist

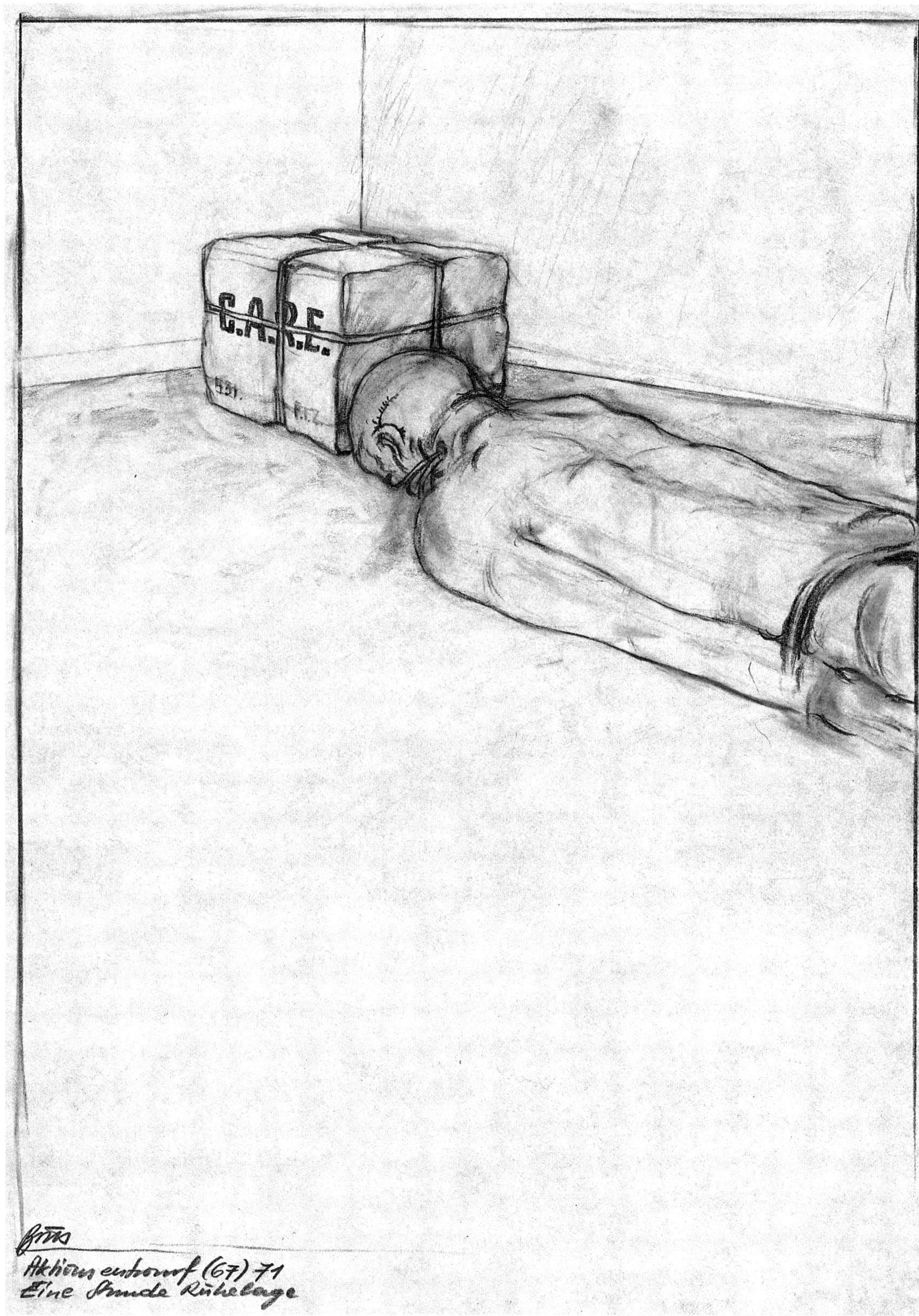

38 EINE STUNDE RUHELAGE 1971

die zeichnung wohl realistisch auf syntaktischer ebene, d. h. die figuren und objekte sind in ihren syntaktischen relationen wirklichkeitsgetreu abgebildet, nicht jedoch auf semantischer ebene, denn die nacktheit der nina im schnee ist unrealistisch, nicht wirklichkeitsgetreu. durch diese semantische abweichung, zerstörung der analogie auf semantischer ebene, tritt erkenntnis ein.
diese technik unterscheidet ihn z. b. auch von der surrealistischen tradition. denn indem die surrealisten zumeist bereits auf syntaktischer ebene die analogie zerstören (die homologie von welt und abbild bereits syntaktisch zerfallen ist), scheinen ihre bilder und zeichnungen der welt so sehr entrückt und bloße abbildungen einer irrealen, imaginären welt.
dies ist eine der wesentlichsten entdeckungen von brus und für den effekt seiner zeichnungen eine der bestimmendsten prozeduren, nämlich die analogie auf der syntaktischen ebene und die heterologie auf semantischer ebene. brus arbeitet häufig mit parsing-prozeduren und semantischen operationen gleichzeitig. doch einige seiner kognitivsten zeichnungen verdanken sich einer ausschließlichen anwendung jenes kontext-sensitiven verfahrens auf semantischer ebene. deshalb erscheinen seine zeichnungen, so nicht-isomorph sie auch sind, immer noch als zeichnungen der wirklichkeit, ja werden geradezu realer empfunden als die wirklichkeit selbst. mit recht, denn brus entdeckt die realität hinter der sichtbaren wirklichkeit. er zeichnet nicht, was er sieht, sondern sein zeichenschirm empfängt die visuellen signale, nachdem sie die retina bereits verlassen haben. er zeichnet, was man nicht sieht, die strukturen, die unsere menschliche erfahrung überlagern. seine nervenzeichnungen — nicht von einer kontrollierten muskulatur scheinen sie gezeichnet, trotz ihres polizei-stifts, sondern direkt mit den freiliegenden nervenenden — sind eine neuartige verbindung — auf wiener (klimt, schiele, gerstl) und andere traditionen braucht nicht verwiesen zu werden — von projektiver anatomie und transformationeller semantik. ihr beihane ausschließlicher gegenstand ist *der körper,* weil durch den körper die menschliche existenz sich realisiert. der menschliche körper ist der umfang seines künstlerischen kalküls, mit ihm artikuliert brus seine erfahrungen der menschlichen existenz. insoferne ist die sexualität in den brusschen zeichnungen eine variable in der gleichung »körper ist existenz«. die variationen der geschlechtsmerkmale, der kleinen und der großen notdurft usw. sind nicht die erfrischungen einer erotischen kunst, sondern freie modulationen der zeichen (aus dem vorhandenen zeichenkalkül, dem körper), befreiungen einer individuellen interpretation aus den normativen mustern unserer erfahrung. wer weiß nicht die zeichen einer emanzipatorischen sexualität, einer emanzipation der partialtriebe in den brusschen zeichnungen zu schätzen. dennoch: brus ist kein erotic artist. in seiner erotischen perzeption widerspiegelt sich die sehnsucht nach einer transindividuellen, transsozialen existenz. so körperlich und sexuell seine zeichnungen scheinen, so begrifflich sind sie in wirklichkeit. wenn ich des morgens nackt vor meinem waschbecken stehe, dann bin ich nicht der kleine wotan, sondern der nackte adam in seinem körperlichen gebreste, dann fühle ich wieder mit entsetzen, wie mich mein körper in den ekel der existenz zieht, wie millionen von leibern wieder zu funktionieren beginnen für ein leben, dessen herz der tod ist. ich sehe im steifen schwanz die gemüsefrau, im prallen busen den betrug der kommunikation. ich sehe im scheißdreck den chef, im zerbrochenen hoden die effekte der symbolisation beim kind. ich sehe in der sexualmechanik die tortur entfremdeter arbeit, ich sehe im heilen jockel den faulen sockel, ich sehe am kreuz die depravierte sexualität. ich sehe im kaderfick die beschränkungen der natur. ich sehe im therapiegerät die tilgung meiner triebe. ich sehe im geilen igel die isolation des ego. die justizbeamten, die einander petschieren, sind urvater und urmutter justiz, die in tat- und rechtsfrage unterscheiden, um jede ergreifung der wirklichkeit auszuschließen. ich sehe die skandalösen normen, die narben der identitätsbildung, das trauma der geburt, die zwänge des bewußtseins, das erschrecken am es, ich sehe den katalog meiner katastrophen. es sind die bedingungen des lebewesens mensch in der menschlichen gesellschaft, die günter brus zeichnet, aufzeichnet, bezeichnet. brus reduziert die menschliche existenz auf den körper, weil dieser die grundlage zur misere der menschlichen existenz ist: die ausbeutung des körpers als produktivkraft, der chemismus des leibes als quelle des leidens, das zentralnervensystem als limitation unserer erkenntnis und erfahrung. über den körper und seine bedürfnisse kann der staat alles erreichen. ich glaube, das ist es, was brus uns zeigen will. brus geht es nicht um sexualität, brus geht es, sagen wir es ruhig mit normaltube, um *den menschen.*
seine zeichnungen sind gleichsam modelle als formalisationen seiner theorien zum menschen, anamnese und befund der anthropologie. brus zeigt den menschen, wie er, genetisch und ontogenetisch determiniert, in die welt geboren wird wie in einen stein, in ein netz von strukturen, prozessen, relationen, ihm ein leben lang unbewußt, denen er aber dennoch gehorcht. doch brus erforscht den menschen nicht, sondern erfindet ihn. wenn brus haare an die ellbogen zeichnet (haare am kopf, intelligenz im ellbogen), greift er in die morphologische evolution ein, in die natürliche entwick-

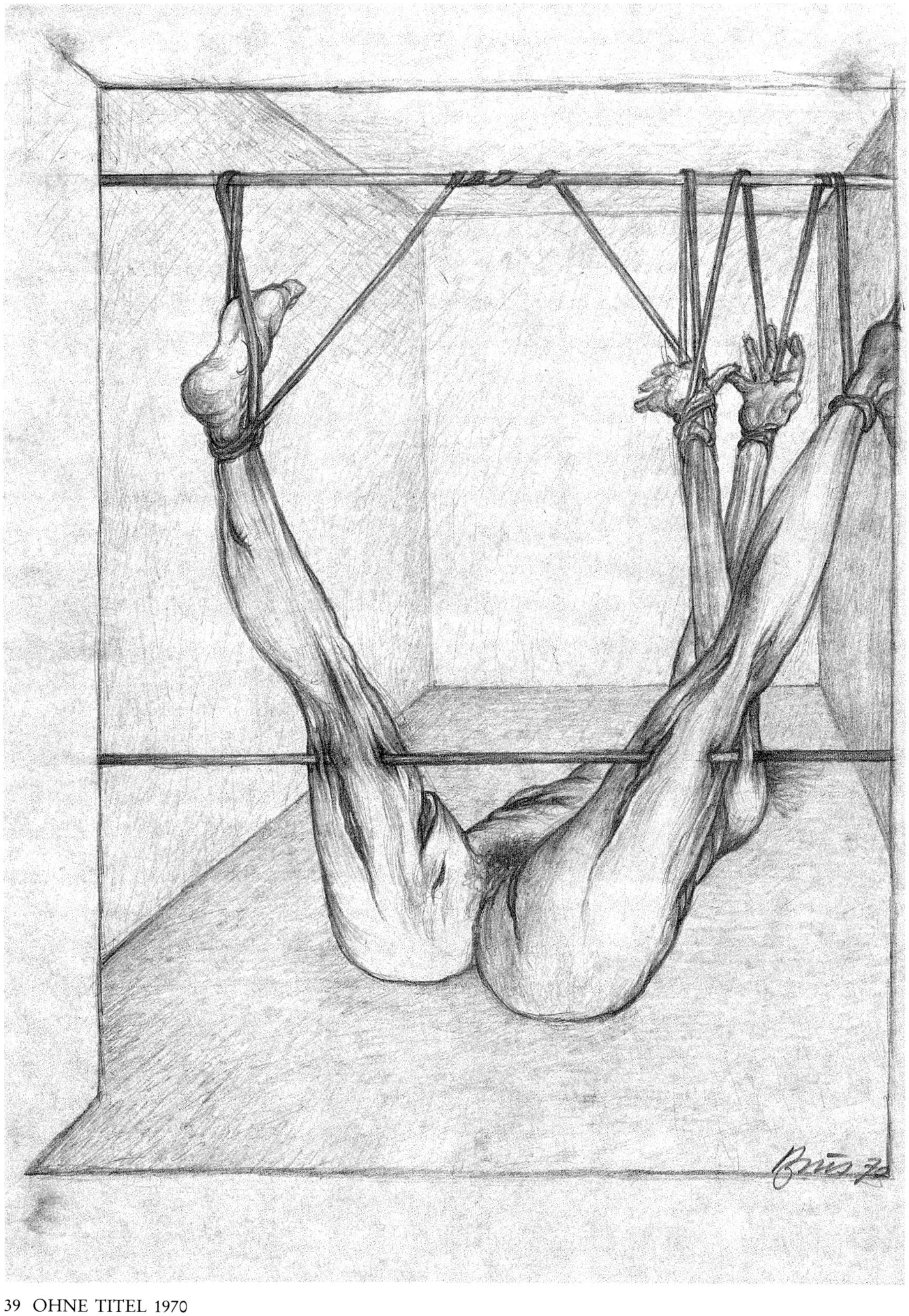

39 OHNE TITEL 1970

40 BLATT 1C AUS DEM KUHZYKLUS 1971

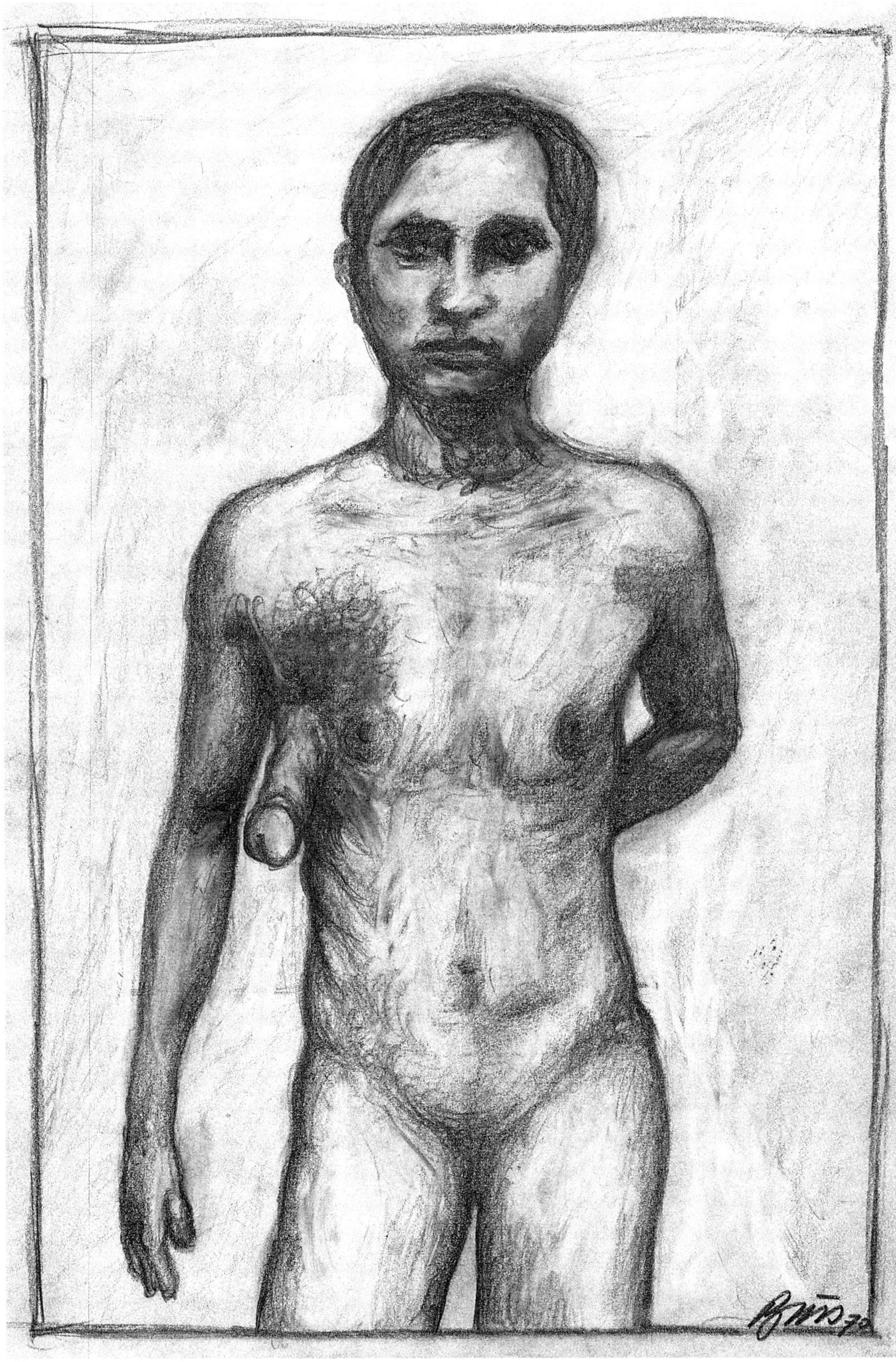

41 OHNE TITEL 1970

lung der organanlagen. warum? weil der abstieg der keimdrüsen (heraustreten der hoden) bei den männlichen säugern vom amphioxus bis zur höheren eutherienform im zusammenhang mit der formalen auszeichnung des analpols bei höheren säugern und der gleichzeitigen verlagerung des zentralen nervensystems nach dem stirnpol ein beispiel dafür ist, daß die evolution selbst ein transformationsprozeß ist, allerdings nach den regeln der selbst- und arterhaltung. brus führt bei seinen transformationen andere regeln ein. er will die unbekannten strukturen der menschlichen existenz entdecken. um sich von den fesseln der natürlichen evolution zu lösen, die in der anatomie sich ausdrückt, verändert er die anatomie, nach regeln, die den blick befreien und einen blick freigeben auf unerklärliche zwänge und mechanismen des verhaltens, auf atavismen des gefühlslebens. die transformationelle bildsemantik der brusschen zeichnungen, die den menschlichen körper in keiner endgültigen ausgabe, sondern in einer vielzahl von variationen zeigt, ist der versuch, die

konstanz der wirbeltiere

zu beenden, das bild des menschen aus dem anthropologischen schlaf zu lösen. sie sind die antwort auf die sphinkterregulierung als grundlegung der zivilisation, auf tabu und tortur, auf die lüge von der maturation der instinkte, auf die lüge von der trinität frustration-aggression-regression, auf die lüge desjenigen, der glaubt, die anale phase nicht mehr zu erleben, weil er davon historisierend spricht, auf das zutiefst erschreckende vokabular der psychologischen individuation, ekzema des humanismus, das nur mehr für die düsternis eines gerichtssaales und für die finsternis des bewußtseins eines kriminalpsychiaters taugt. am wichtigsten an den brusschen zeichnungen scheint mir, daß sie über die kognitiven dimensionen bezüglich der kommunikation und der gesellschaft hinausgehen und allgemeine züge einer umkehrung der psychologie und anthropologie zeigen. Hier zeigt sich, wie sehr sein roman »irrwisch« und die zeichnungen sich in ihrer entstehung bedingten, da ja auch der roman versucht, das individuum aus der psychogenese, der gemeinschaft und der ontogenese zu entfernen, indem mit allen mitteln (von der radikalen verhöhnung bis zur totalen exhibition) jede determination und limitation nicht nur der persönlichen individualität, sondern des menschen überhaupt beseitigt wird, indem jede norm gebrochen, jedes maß verletzt, jede ziellosigkeit gebilligt wird. brus' roman und seine zeichnungen sind die antwort auf jene beengungen der psychologie und anthropologie, die nicht nur er an leib und person erfahren hat, sondern die wir alle täglich erfahren.

brus entzieht sich einer individualpsychologisch definierten welt, beweist ihre inadäquanz und unmenschlichkeit, indem er die menschliche welt kalkülisiert. indem er die menschliche welt zeichnerisch formalisiert, vermag er ihre objekte zu transformieren und zu variieren. analog unserer welt deduziert er eine endliche anzahl variierender welten, die sich in ihren axiomen, elementen, strukturen usw. unterscheiden. die definierte menschliche welt ist nun nichts anderes als ein favorisiertes spezielles system unter vielen anderen systemen. brus hat nun die strukturen dieses systems untersucht und entdeckt, daß z. b. die »menschliche« welt ein system ist, dessen begriffe, kategorien und namen aus dem einen menschen einen »dieb« und aus einem anderen menschen einen »triebverbrecher« machen, daß diese kategorisierung jedoch nichts mit dem menschen zu tun hat, sondern nur mit dem system (daß diese eigenschaften nur im spiegel des systems entstehen, kein licht auf die eigenart des menschen, sondern auf die eigenart des systems werfen), denn es sind systeme denkbar, in denen eine derartige zusammenstellung von eigenschaften gar nicht möglich ist, oder systeme, in denen diese menschen sozialkämpfer oder heilige sind.

brus zeigt, wie sehr willkürlich, wie sehr politisch und von welcher politik des interesses diktiert jene reihe formalisierter systeme ist, jene reihe von träumen, transformation von träumen und systemen, die als unsere welt ausgegeben werden. er enthüllt die interessen und strukturen, die gerade das bestehende system favorisieren und kein anderes, dessen parameter nicht der historisch determinierte und definierte, d. h. historisch verstümmelte mensch wäre. die zeichnungen von brus sind metazeichnungen über unser system hierarchischer verstümmelungen. mit säure zubereitet, ätzen sie in das gewebe der welt die blanke kognition, nämlich, daß die identitäten unserer welt, formal unentscheidbar und nur mit gewalt praktizierbar, identitäten eines blutigen traums sind, des traums einer verbrecherischen natur und einer verbrecherischen jurisprudenz. brus ist einer jener zeichner und denker, die sich selbst außerhalb der sogenannten natürlichen parameter stellen, außerhalb der bedingungen des nervensystems als der historischen bedingung unserer erkenntnis, erfahrung und erbauung der welt, um eine neue welt bauen zu können. günter brus zeigt, wie der mensch im tiefen anthropologischen schlaf, im nicht-identifizierten schlaf der evolution ein stück welt träumt, ein stück wirklichkeit dissoziiert wie ein sekret und wie das in der erdgeschichtlichen reihenfolge letzte wirbeltier sich aus dem universum einen armseligen brocken herausschneidet — ein stück menschlichkeit. brus demonstriert das ende des humanismus, weil er weiß, daß er die falsche begrenzung ist, der die menschwerdung des menschen verhindert.

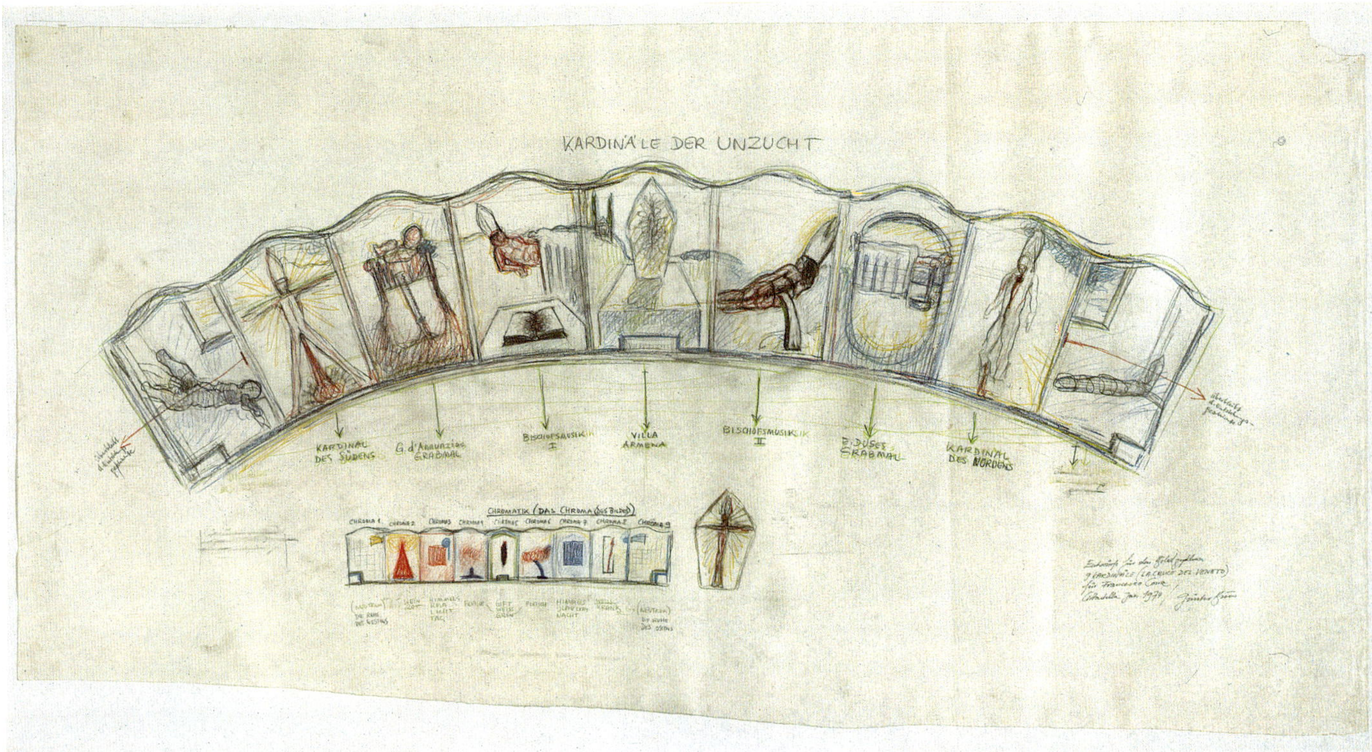

42 LA CROCE DEL VENETO, Entwurfszeichnung 1974

43/1 CIPRESSE D'ASOLO (Nr. 1 Zyklus La Croce del Veneto) 1973/1974

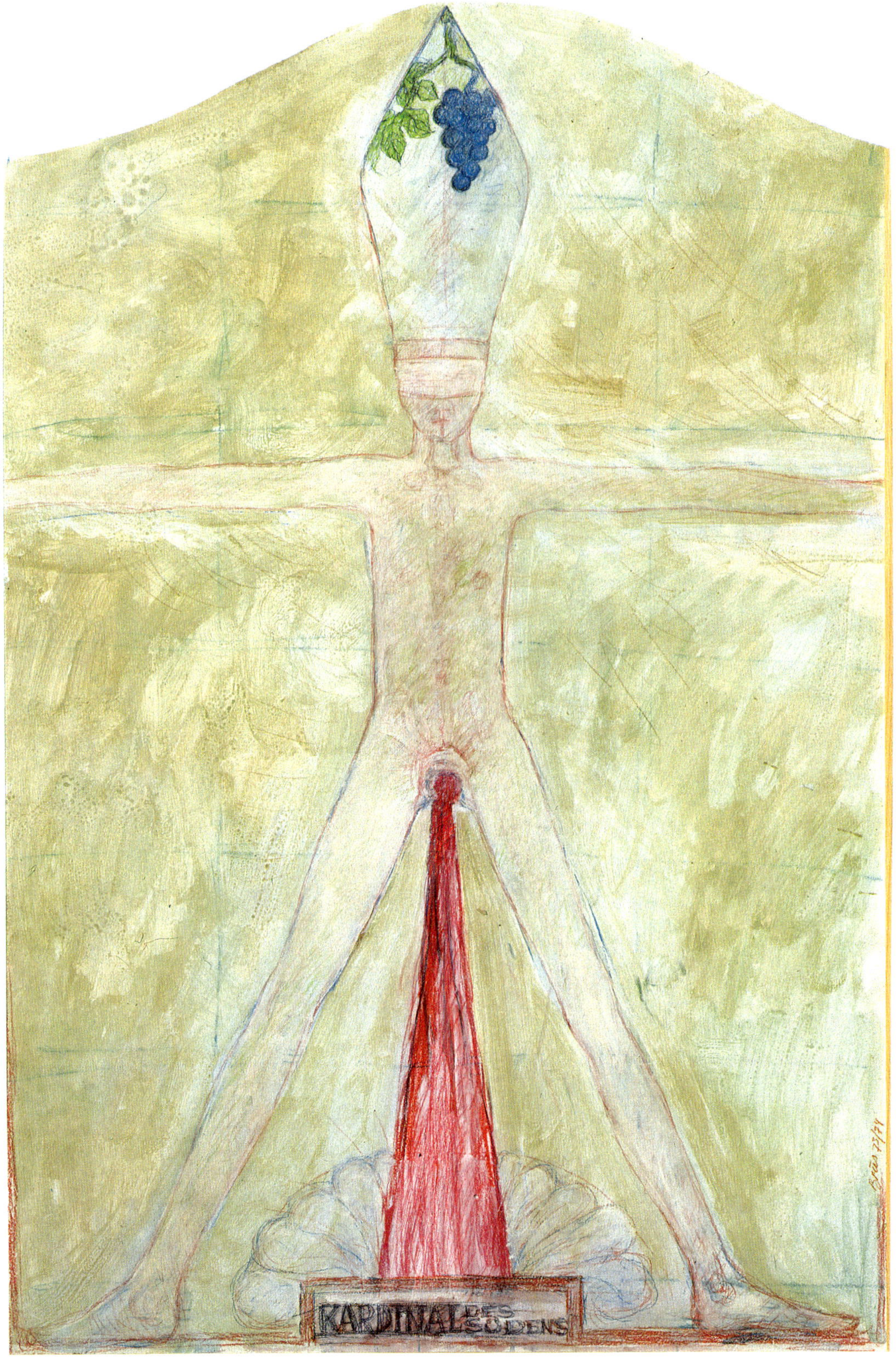

43/2 KARDINAL DES SÜDENS (Nr. 2 Zyklus La Croce del Veneto) 1973/1974

43/3 D'ANNUNZIOS GRABMAL (Nr. 3 Zyklus La Croce del Veneto) 1973/1974

43/4 BISCHOFSMUSIK 1 (Nr. 4 Zyklus La Croce del Veneto) 1973/1974

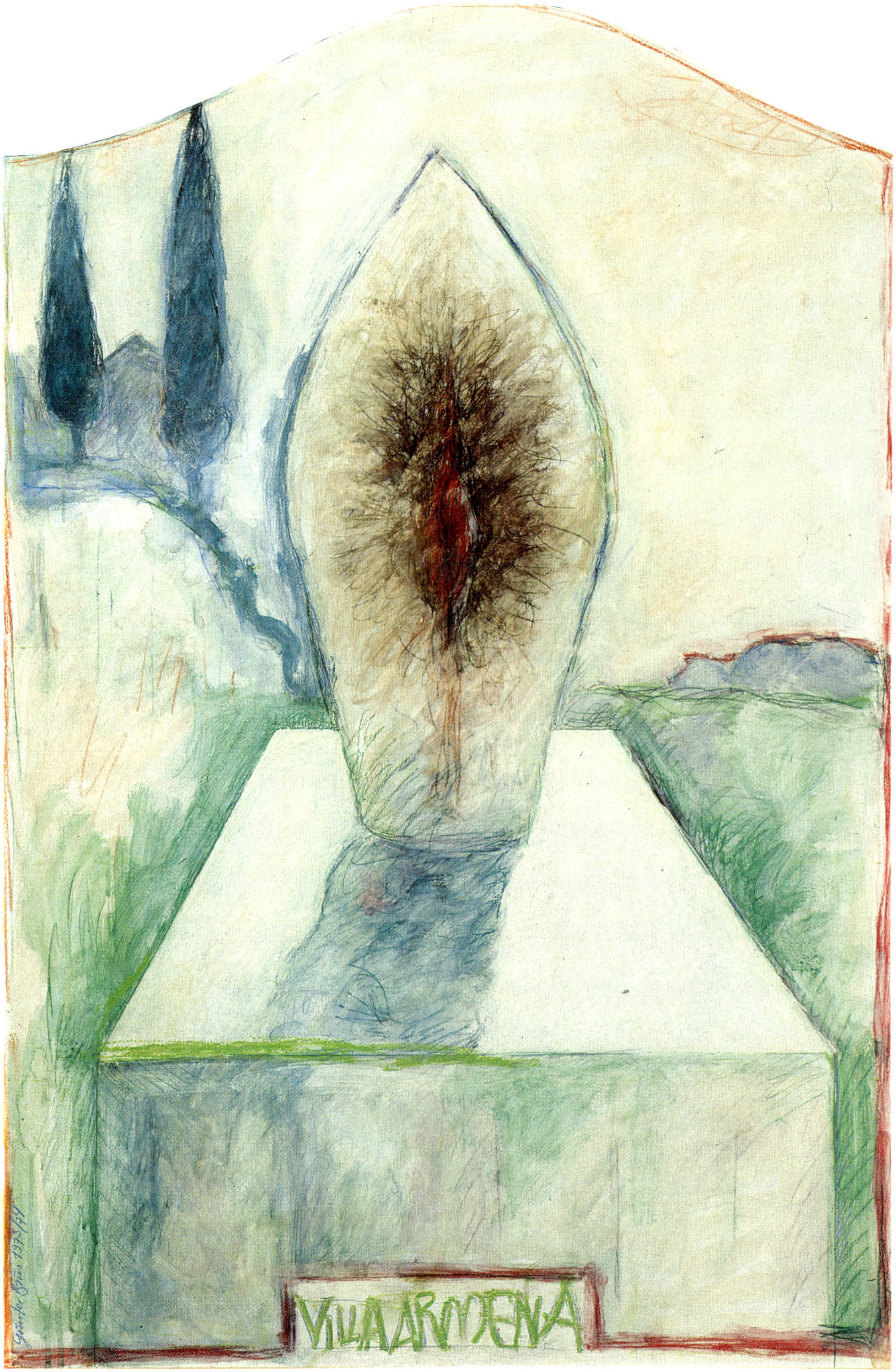

43/5 VILLA ARMENA (Nr. 5 Zyklus La Croce del Veneto) 1973/1974

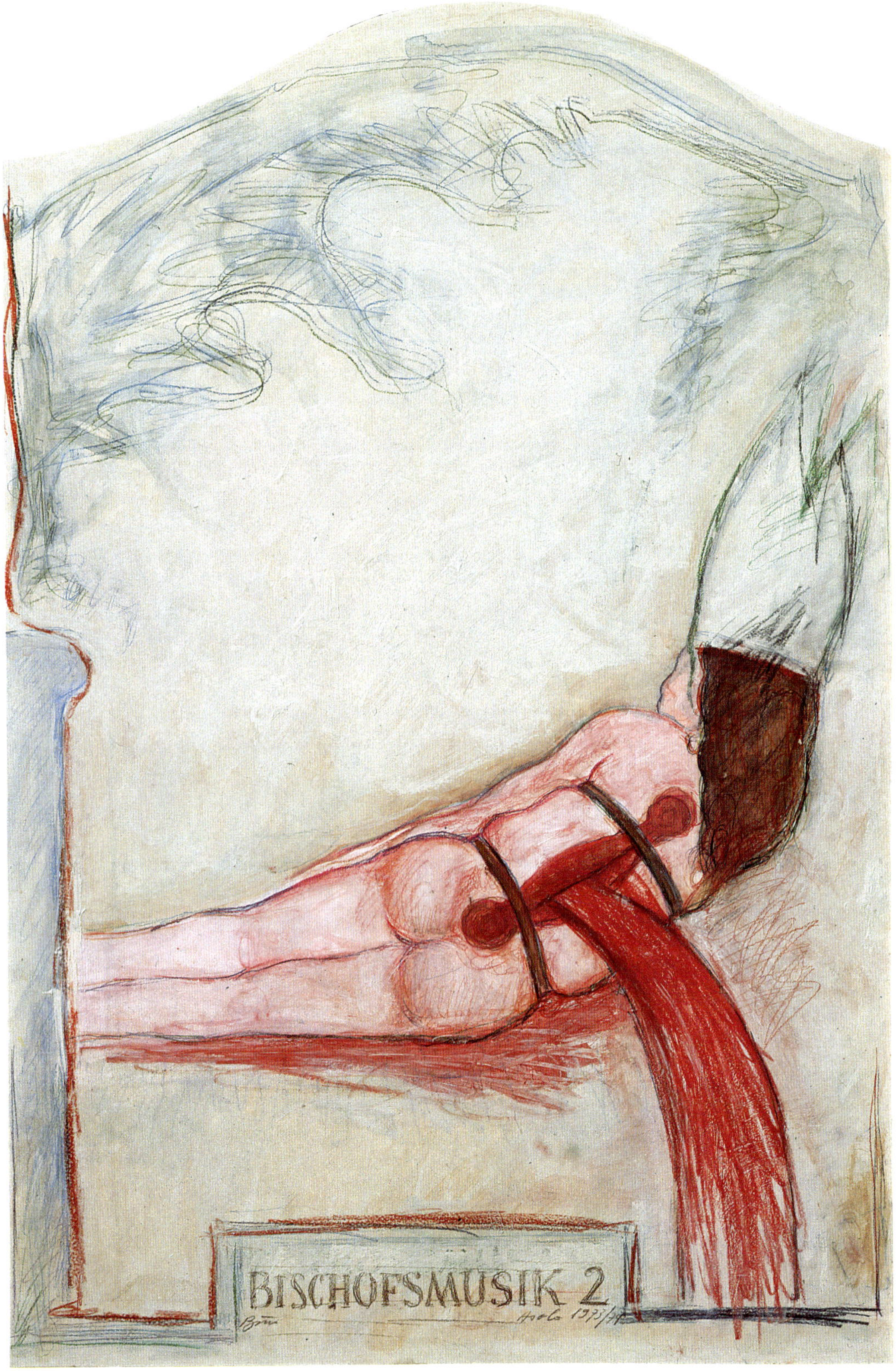

43/6 BISCHOFSMUSIK 2 (Nr. 6 Zyklus La Croce del Veneto) 1973/1974

43/7 E. DUSES GRABMAL (Nr. 7 Zyklus La Croce del Veneto) 1973/1974

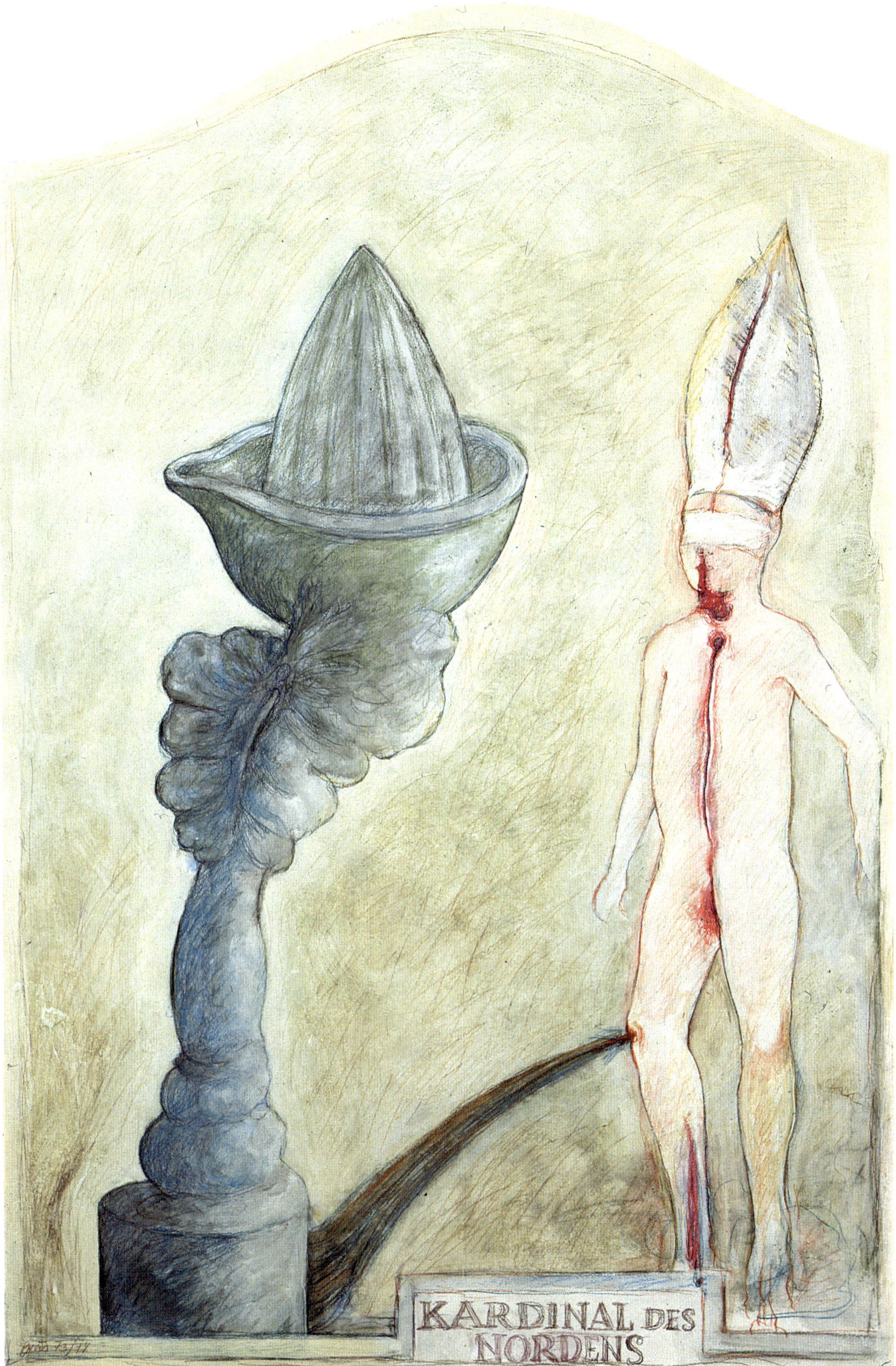

43/8 KARDINAL DES NORDENS (Nr. 8 Zyklus La Croce del Veneto) 1973/1974

43/9 FORTEZZA D'ASOLO (Nr. 9 Zyklus La Croce del Veneto) 1973/1974

44 TIEFENHYSTERIE 1980

45 SCHWEIGEZEIT 1979

46 ROHE NATUR DER KUNST 1982

47 DAS VERWIRRT-VERIRRTE GESCHLECHT 1982

48 BESCHWERDEBRIEF AN DIE SCHÖPFUNG 1982

49 DAS WARTEN AUF DEN BESUCH 1982

ARNULF MEIFERT

Die bittere Dekoration

»Schwer auszumachen ist, was diese Zeichnungen mit dem Jahr 1980 zu tun haben« (zeitgenössische Reaktion)

Während die meiste moderne Kunst einer Ästhetik der Spaltung und Auflösung dient, in Spiegelung der Welt, der sie entstammt, und somit über eine affirmative, bestätigende Qualität nicht hinauskommt, in ihren schwächeren Beispielen sogar bis zum sauren Kitsch verkommt, findet bei Brus fast immer *auch* ein Prozeß der Reintegration, der Zusammenschließung, Vervollständigung und Vereinigung statt. Insofern überwindet seine Kunst Welt in einem so weitausholenden Sinn und Maß, daß viele Beurteilungen der bisherigen Rezeption rettungslos verloren waren und sich nur noch zu helfen wußten, indem sie sich an einzelne Themen, Motive, Symbole, Gehalte klammerten oder an die herkömmliche Trennung von »Inhalt« und »Form«, um sodann von diesem eingeschränkten Standpunkt aus zu urteilen. Für Brus selbst jedenfalls, der einer jener Menschen ist, welche unter dem Irrsinn der Epoche schier den Verstand zu verlieren scheinen, ist die komplexe symbolische Handlung von Anlage, Aufbau, Gestaltung seiner Visionen, also seiner Dichtungen und Zeichnungen, eine einzige Selbstbehauptung des Ich.

Dabei ist Brus' Kunst durchaus politisch, weltpolitisch, Menschen-bezogen, anthropologisch, er ist nur nicht bereit, Poesie aus diesem Bereich fernzuhalten. So ist sein »Gleichgewicht des Schreckens« ein »Grauer Gast«, heißt es bei ihm »Chaos, Plutonium der Vernunft«. Brus blickt durch diese Zeit, nicht über sie hinweg. Seine Konzetti, seine zugespitzten Gedankenspiele und überraschenden Wortspiele stehen oft im Scheitelpunkt, buchstäblich auf Spitz und Knopf, verdanken sich einer denkerischen und nervlichen Krisis, der er sich unterwirft, um mit der objektiv gegebenen der Außenwelt fertig zu werden. In überbordender, übermütiger und verblüffender Weise bringt er uns seine Einsichten dar, die sich gegen einseitige Sackgassen des Meinens aufstemmen. Brus arbeitet in und mit Widersprüchen und Antinomien, wobei zwei Behauptungen nebeneinander bestehen können, auch wenn sie sich widersprechen. Mit den Worten Egon Friedells: »Bei einem Denker sollte man nicht fragen, welchen Standpunkt nimmt er ein, sondern: wie viele Standpunkte nimmt er ein? Mit anderen Worten: hat er einen geräumigen Denkapparat oder leidet er an Platzmangel, das heißt: an einem System?« Brus besitzt kein System, und genau das hat eine verständnisvolle Aufnahme beim Publikum so lange verhindert und genau das ist ein wesentlicher Teil seiner künstlerischen Qualität. Dies nicht nur wegen der facettenhaften Komplexität seiner Denk- und Fühlräume, sondern auch, weil seine Welt dadurch widerborstig, oft geradezu kratzbürstig bleibt, in keine Schublade, schon gar nicht irgend eines bestimmten Zeitgeistes paßt. Dieses dialektische Prinzip gibt aber Spiritualität nicht auf, ganz im Gegenteil dient es dieser. Auch wenn ein von mattem Schimmer verschönter dunkler Raum des Geheimnisses seiner Kunst wesentlich ist, wird keine Mystagogik betrieben. Die Vernunft fliegt nicht ungeprüft über Bord, sie bleibt als corrigens dienstbar für diese Epoche geistigen Übergangs und wird nicht gegen einen mythischen Naturbegriff ausgespielt, sondern mit ihm so gut wie möglich versöhnt. Dieselbe Rolle spielt das Ego, welches als Ich-Bewußtsein Werkzeug ist im Dienst an größeren Kräften, aber nicht mehr die alles bestimmende Macht. So gibt es in dieser Kunst keine selbstverliebte, narzißtische Egozentrik mit den bekannten Zügen mehr oder minder gelungener Schauspielerei, wie wir sie so oft in der Kunst dieser Jahrzehnte antreffen. Im Arbeitsprozeß hält Brus die Interessen des Ego zurück, läßt dafür auf den frei gewordenen Bahnen die Bilder des Unbewußten aufsteigen und derart die Bestie Mensch in jedem von uns stellvertretend zu Wort und Bild kommen. Der Stellenwert dieses künstlerischen Prozesses und seiner Ergebnisse kann erst begriffen werden, wenn längst gewonnene Erkenntnisse einmal zum Allgemeinbesitz geworden sind:

»Die bewußte Hinwendung zum Unbewußten und die verantwortliche Auseinandersetzung des menschlichen Bewußtseins mit den Mächten des kollektiven Unbewußten ist die Aufgabe der Zukunft. Keine äußere Weltveränderung und keine soziale Veränderung vermag die Dämonen, Götter und Teufel der menschlichen Seele zur Ruhe zu bringen und zu verhindern, daß sie immer von neuem einreißen, was das Bewußtsein baut. Wenn sie nicht ihren Ort im Bewußtsein und in der Kultur bekommen, geben sie der Menschheit nie und nimmer Ruhe. Die Vorbereitung dieser Auseinandersetzung aber liegt, wie immer, beim Helden, beim Einzelnen; er und seine Wandlung ist das Vorbild für die Nachfolge der Menschheit, er ist die Versuchsretorte des Kollektivs, so wie das Bewußtsein die Versuchsretorte des Unbewußten ist.« (Erich Neumann: Ursprungsgeschichte des Bewußtseins, 1949). Brus ist im Arbeitsprozeß »Der Weltkern«, sieht er genau auf sich, sieht der die Welt in ihrem zentralen Punkt. Gleichzeitig weiß er, auch und gerade während der eigenen Schöpferakte, daß es da immer ein noch größeres Meisterwerk gibt, in dem er selbst als Künstler in Erscheinung tritt. Brus hat das Hegelsche Herr-Knecht-Problem in seiner Kunst gelöst und hat deshalb keine Probleme mit dem Wechselbad von Allmacht und Ohnmacht, dem jeder bewußte Künstler nun einmal ganz besonders ausgesetzt ist. Auf irgendwelche Definitionen braucht er sich dabei nicht mehr zu verlassen. So vermerkte er zu dem erneut diskutierten Begriff des »Gesamtkunstwerkes«: »Das Genie ist das Gesamtkunstwerk. Sonst ist es eine Aktiengesellschaft.« In der Tat hat er keinerlei Probleme mit den verschiedenen Gattungen, mischt sie auch in seinem Werk kräftig, schreibt und zeichnet gleichzeitig, dabei eine dritte, musikalische, Dimension erzeugend, in der synästhetischer Klang und Verantwortung des Denkens sich bestens ergänzen. Alle seine Werke sind aber einer Synästhesie verbunden, die die Sinne nicht deshalb einsetzt, weil ein, letztlich materialistischer, Begriff von »Gesamtkunstwerk« in einem vordergründigen Sinn angestrebt würde, nein, sein »Programm« heißt »Gesamtweltliebe statt Gesamtkunstwerk«. Diese Liebe zur Wirklichkeit von allem, was ist, gibt ihm die Kraft der Inverwandlung in die Symbole seiner Bilder, die Metaphern seiner Dichtungen. Philosoph ist er, indem er die Gesetzmäßigkeiten dieser Wirklichkeit klärt und ordnet. Er macht dabei aber nicht den Versuch, Vielgestaltigkeit und Unbegreiflichkeit durch Unterordnung unter ein Weltbild zugunsten einer geradlinigen Betrachtungsweise zu beenden. Vielmehr löst er sich und uns aus den vielen Verstrickungen mit der und Verknebelungen durch die Welt und erlöst sie selbst: er verwandelt sie in eine gesetzmäßige Harmonie, die sich, musikalisch betrachtet, dem reinen Dreiklang verdankt, nur in ihm erfahrbar ist, im Zueinander aller Elemente, nicht in deren rationaler, analysierender Auflösung. So entsteht eine Heimat für ihn selbst und alle, die sich darauf einlassen mögen, eine Heimat, die im Permafrost einer immer auswegloseren, verzweifelteren, Trostlosigkeit und Ideologien verfallenen Welt ein Gegengewicht bildet. Je technisch und sozial perfekter unser Leben vielerorts wird, umso schmerzhafter inkongruent erleben wir Wirklichkeit. Brus arbeitet aus und mit diesem Schmerz, läßt sich tief auf ihn ein, experimentiert mit Wirklichkeitsdimensionen, vor allem solchen der Psyche, mischt die unverträglichsten Welten und hält sie in sich zusammen, ohne deshalb schicke Cut-up-Methoden anzuwenden oder gar nach Weise der Neutöner zu stammeln. So erschafft er beispielsweise in seinem »Roman« »Die Geheimnisträger«, als fünften und letzten Teil, »Die Mulde«, deren Untergliederungen »Verdichtung«, »Entdichtung«, »Krone der Erschöpfung«, »Stillstarre« und »Der entfaltete Nachschlaf« identifiziert sind mit der energetisch-musikalischen Entwicklung dieses Schlußkapitels. Jene Mulde ist ein atmendes Organ, eine Art Mutterbauch der fünf Figuren des Buches und, wie wir mit aller gegebenen Vorsicht wohl annehmen dürfen, den frühesten eigenen Erfahrungen des Dichters entstammend und sie verarbeitend. Als dem Dichter-Selbst entsprungene Figuren, Räume, Klänge, Farben träumt sich eine Welt, verwandelt Brus sich die Welt, in der er real jetzt lebt, in einen Mutterleib aus Sprache. Die zahlreichen Teile der eigenen Persona werden nach außen in die sinnlichen Bilder der Welt projiziert, gestülpt, um sie gerade dort, im vermeintlich feindlichen Außen, zur Ruhe zu bringen, in Schönheit zu betten. Dabei entsteht eine Sprache, die nur noch eigenen Gesetzen gehorcht und nur von diesen her ganz erfahrbar ist. Hilfreich ist, wenn der Leser den Hang zum Analysieren einmal abschaltet und die »Sperrstunde des Denkraumes« zuläßt. Er erlebt dann eine philosophische Sprach-Musik, die die Krise der Epoche überwindet, indem sie die Psyche ins Bad der Wechselströme personaler und transpersonaler Erlebnishaltungen schickt. Und die die Krise der abendländischen Denkfabrik überlebt, indem sie sie verläßt. Der Trug ist wirklich, die Wirklichkeit trügerisch, also, bedenkt man die Zeiten, in denen wir leben, handelt es sich doch um eine Art Realismus. Es sind die Visionen eines Idyllikers, eines Anakreontikers, der zwei Weltkriege zu verarbeiten und einen möglichen dritten sich hochzurechnen hat. Diese Dichtung spiegelt in Harmonie eine Wirklichkeit, die zum Zerrspiegel der Schöpfung zu werden beginnt. Sie zeigt sich detailliert, aber nicht kleinteilig-zersplittert, sie verdichtet Erkenntnis und Liebe zu Sprachmusik. Brus' Kunst ist ein einziger immerwährender Prozeß einer Umformung, Umwandlung, Ausdehnung, Überschreitung aller durch eigene Psyche und Gesellschaft gesetzten Grenzen. Dabei entsteht ein Vakuum zwischen ihm und dem Betrachter, also, erneut, der Welt, welches er nicht mehr auf den herkömmlichen Wegen der Seelenchemie oder Bewußtseinsphysik überwindet, sondern auf eine Weise, die den wissenschaftlichen Erkenntnissen der Epoche parallel läuft, durch Strahlungsenergie. Wie seine Bilder, so sind auch seine Worte von Glanz, Schimmer, Aura umgeben. Die eingebrachte Energie kommt als wärmende Strahlung zurück, und ich bitte, dies symbolisch und auch ganz wörtlich zu verstehen, wie an anderer Stelle, nämlich in bezug auf seinen Umgang mit der Farbe, ganz speziell und gleichzeitig stellvertretend einmal zu zeigen sein wird. Diese Strahlung verdankt sich auf einer Ebene dem Aufeinanderprallen besonders gegensätzlicher Elemente. Es herrscht eine Antithetik der Stilelemente. Grelle Kürze und sanftes Dahingleiten mischen sich, Groteske und Heiligung werden miteinander verschwistert. Seine Kunst ist insgesamt eine Wiedergabe des Dramas der Auseinandersetzung von Wahrheit und Lüge in allen ihren Formen — in angemessener Ausstattung! So ist bei ihm das Schöne eben das Erhabene *und* das Dekorative. Das Erhabene ist, was menschliches Maß über alle Begriffe übersteigt. Dieses erzeugt im Betrachter, Leser, einen Schauer, jagt ein Prickeln die Wirbelsäule entlang: überirdische, unmäßige Schönheit jenseits gewohnter Festlegungen ist erregend, gefährlich, ja fast »obszön«. Das Dekorative ist das gebannte Erhabene, ist die schöne Schlange, von der man nicht weiß, ob sie Natter oder Otter, ist das Schöne am Kreuz seiner eigenen geschichtlichen Entwicklung, seiner sich wandelnden Ausprägungen. »Die bittere Dekoration«, der Titel einer bestimmten seiner Bild-Dichtungen, könnte über seinem ganzen Werk stehen, denn Zorn und Trauer bestimmen seinen Kult des Schönen wie alle ernst zu nehmenden Äußerungen heute. Stehen bleibt er aber dabei nicht, ist vielmehr in der Lage, blitzschnell mit Humor zu kontern, wenn Düsternis sich allzu drückend ausgebreitet hat. Deshalb, wenn es denn sein muß, mit Gewesenem, mit Vorbildern und Schubladen zu argumentieren: Trakl *und* Valentin, Herzmanovsky-Orlando *und* Nietzsche, Kleist *und* Ringelnatz standen stellvertretend an der Wiege dieser Kunst — und in ihrer Abteilung »Bildende« verhält es sich geradeso! Überhaupt gibt es für Brus keine Trennung mehr von »Zeichnen« und »Schreiben«, von Sprachbildern und Bildersprache. In seinen Aktionen, in der Läuterung durch den Exzeß, in diesem schweren Lebensabschnitt, der eine Mischung darstellt aus freiwilligem Fegefeuer und therapeutischer Eigen-Analyse, hat Brus das »schuldbewußte Zuhause« verlassen und ist vor der Öffentlichkeit zur Selbstentblößung geschritten; seitdem hat er mit formalen oder Gattungs-Problemen keine Schwierigkeiten mehr. Solange man Schuldgefühle hat, so lange bleibt man an formalen Vorstellungen kleben. Erst, wenn man *sich* bewältigt hat, hat man die Form bewältigt. Die Form ist die Angst! Und seit der Künstler sich von dieser — jedenfalls in seiner Arbeit — gültig befreit hat, ist Form ihm das Ergebnis individueller, augenblicklicher Schöpfung, einmalig und so nicht wiederholbar, keinem Kanon von Formen, keinem Kodex von Inhalten unterworfen, Gattungsgrenzen elegant überspringend, ohne deswegen in eine Auflösung ins Nebulose zu geraten. Diese Kunst blickt intuitiv ins Wesen der Dinge, es bedarf dazu keines Automatismus, keines Surrealismus als Programm. Nicht Aufhebung klassischer Körpergegebenheiten zugunsten einer surrealen Amorphität des Fleisches, sondern ein Gelingen im Versuch, die Prallheit von Kirsche und Brustwarze auf ihren gemeinsamen Kern im Unbewußten des Menschen zurückzuführen, also ein Benennen *vor* der Sprache. Brus gibt dabei vieles in einem Atemzug, was normalem Denken mehrfache Vorgänge der Assoziation und des Nachvollzuges abfordert. Seine äußerst intensive Metaphorik, eine ganz eigene Bildsprache in Zeichnung und Dichtung, sendet spürbare Reize aus: die gleichsam leiblichen Gebärden bei der Entstehung der Werke führen bei ihrer Rezeption zu weichen Berührungen oder heftigem Anrempeln, je nachdem auch, auf welche Weise und in welchem Ausmaß man sich darauf einläßt. Nach Lessing (»Laokoon«) ist das gezeichnete Bild Gestalt im raumhaften Nebeneinander, das dichterische im zeitlichen Nacheinander. Brus stellt auch diesen Gegensatz noch in Frage und zeigt, wie nah Schreiben und Zeichnen tatsächlich verwandt sein können: wie in der Zeichnung geht es auch in seiner Dichtung um das klare, dadurch ruhende, anschauliche, dadurch dauernde Bild, um Räumlichkeit und Plastizität in ihrem zusammenfassenden abschließenden Ausdruck abendländisch-humanistischen Weltbildes. Umgekehrt ist seine Zeichnung auch in der endgültigen Erstarrung ursprünglicher Bewegung von Hand, also Psyche, immer noch voller Werden, offener Entwicklung, weiter pulsierender Energie, die sich der Retina des Betrachters häufig genug als gleichsam auratisches Strahlen vermittelt. Diese Zeichnung will *gelesen* werden, diese Dichtung will *betrachtet* sein! Ohne eine leidlich konzentrierte, kontemplative, ja, bestenfalls meditative Einstellung des Betrachters erschließt sich diese Arbeit leider nicht . . . Auch schon deshalb nicht, weil sie einem derart auf die Spitze getriebenen Prozeß sich verdankt, daß der Schmerz fast zur Muse wird:

»Freilich, früher war Kunst eine andere Kunst. Aber war sie eine?

Schmückt nicht das neonische Licht auch unsere heutigen Städte — und ist nicht das schön gemalte Fleisch Tizians weniger als die Frage: wer peinigt Tizian, wenn nicht er sich?

Und peinigt er sich nicht, dann: warum nicht?

Ach, die abendländische Prahlerei war und ist ein Hehlertum der Sinne.

Wirkliche Sinnlichkeit heißt, das Instrument der Geilheit wiewohl auch des Verzichts so zu beherrschen, daß man nicht als ein Besitzer dieser Wirklichkeit sich fühlt — sich wähnt.

Geile Lust am eigenen Opfer, der natürlichen Welt zu entkommen und in eine philosophische zu dringen, ist, Gott, den nicht daseienden Blödel, in den Plunder zu plaudern.

Dichtung aber ist:

Glaube, an die Erlösung nicht zu glauben — sondern an das Gegenteil der nichterlösten Gemeinschaft Zueinanderfügungsauseinanderfreiung.
Dichtung ist, wenn der Mensch so Mensch ist, daß er als Mensch nur Mensch ist.
Sein Sein ist seine Sache
Sich sichelt sich die Sense
Die schönsten Bilder, die schönsten Abbilder, die waren nie die Gemälde. Das Volk, wir, brauchen und brauchten mehr.
Märtyrer waren keine Maler.
Maler, die dem Volke etwas zu geben hatten, waren nie MAL-KÜNSTLER, sondern WUNDMAL-KÜNSTLER.«

Aus diesem schmerzhaften Untertagebau, aus dieser »Selbstuntergrabung« aus freien Stücken, werden Bilder nach oben gebracht, steigen Symbole einer wahrhaft eigengeschöpften »Individuellen Mythologie« auf, Archetypen des Inneren, der Gemütsgeschichte der Menschheit, Bestandteile einer Archäologie des Gemüts. Melancholie wird Gestalt in einer rosa-schmerzenden Rokokostimmung. Unterdrückung befreit sich in geballter Verherrlichung des Geschlechtes, die alle Peinlichkeit abgestreift hat, die die Kloake zum Teil der Schöpfung adelt, den Kosmos in der Pfütze spiegelt. Dieses kosmische Weltbild des Günter Brus will nicht zurück in eine heile Naturwelt von gestern oder besser vorvorgestern. Das »nunmalige Jetzt« wird akzeptiert, die Zeit relativ:
»Wenn ich es exakt bedenke, ist die Zeit, da Aldegrever seine Formen und Weiber stach, noch gar nicht so lange her.
Es ist so, daß, wenn ich *neulich* sage, die Zeit seiner Zeit meine.«
Nein, Brus will nicht »zurück zur Natur«, er will »Vorwärts zur Natur«, nämlich zur inneren des Menschen, zur eigenen, mit ihren Brüchen und Schründen, ihren Idyllen und amönen Landschaften. Und diese belebt er in seiner Arbeit mit Elfen und Zwergen, Engeln und Monstrositäten, Lichtwesen und Dämonen des Dunklen. Er hat intuitiv die Konsequenzen gezogen aus Goethes Ausspruch: »Der Mensch begreift niemals, wie anthropomorphisch er ist.« In seiner Dichtung »Die Falter des Vorschlafs« zeigt Brus, indem er einen Hauch plastische Gestalt werden läßt über die Länge einer »Novelle« oder, besser, »Novellode«, den brutalen Einbruch gedankenloser Zivilisation in die Natur, den Kampf der Masse Mensch dieser Epoche gegen die Elementargeister einer unendlichen Schöpfung, und er hebt diesen Prozeß dank seiner Sprach- und Visionskraft auf, kehrt ihn in sich um, bricht ihm die Spitze ab, heilt die Verletzungen und setzt die »Entmagnetiseure« mitleidsvollem Gelächter aus. Diese Vermenschlichung Gottes, der Natur, des Geistes, ist das Kernthema wesentlicher Kunst überhaupt, nur sie vermag noch, auch das Denken zu vermenschlichen und seine Konsequenzen. Alles andere ist mehr oder weniger Sozialplanung oder Teil der Psychiatrie. Wie in religiösen Kulten, wie in der Kunst der Naturvölker, ist in der Arbeit des Künstlers der Schaffensprozeß selbst eine Teilhabe am Kosmischen, und auch im Ergebnis, der leblosen Verdinglichung einer Zeichnung, einer Dichtung, glimmt noch der Abglanz dieser chymischen Vereinigung mit Allem und Nichts. Diese Zeichnungen, diese Schriften sind kristall-klar und ganz erfüllt vom Leuchten edler Steine, darunter aber schlägt ein pochendes Organ. Umso wichtiger, daß sein Humor verhindert, daß diese Schmuckkunst zum Fetisch wird, daß sein Lachen eine banale Weltallseligkeit nicht aufkommen läßt, das kosmische Grundgefühl nicht zu einer Auslieferung an die Mächte des Chaos wird. Er ist ein Kosmiker, der nicht vergessen hat, daß es den After gibt:
»Vom Berge herab zieht das Wasser. Aber nicht vom Gipfel kommt es. Der Ursprung muß nicht ganz oben sein.
Bedenke dieses.
Sonst würde man mit dem Schimmelglanz der Schädeldecke denken.
Sonst wäre das Gehirn schon Klosett.
Vielleicht aber ist es so.«
Kunst ist ihm selbst der beste Weg zur Aufhebung des Abstandes zwischen Gehirn und Unterleib, zur Transzendierung, zur Wandlung. Sie scheint ihm der einzig gangbare Weg, der nicht in neue Sümpfe an Ideologien, Irrlehren, Fremdbestimmungen führt:
»Wenn man einem Hund einen Zeichenstift an die Pratze schnallt und einen Papierteller darunter stellt, dann macht er vielleicht keinen Knochen, keinen Bellmer.
Aber Kunst macht er, wenn er versucht, Mensch zu werden.«

50 STERNGEBURT 1979

51 E A P 1975

52 E T A 1975

53 KALTER SCHREI 1981

54/1 NR. 1 DER BILD-DICHTUNG TRAUMENTZIEHUNGSKUR 1980

54/2 NR. 2 DER BILD-DICHTUNG TRAUMENTZIEHUNGSKUR 1980

54/3 NR. 3 DER BILD-DICHTUNG TRAUMENTZIEHUNGSKUR 1980

54/4 NR. 4 DER BILD-DICHTUNG TRAUMENTZIEHUNGSKUR 1980

54/5 NR. 5 DER BILD-DICHTUNG TRAUMENTZIEHUNGSKUR 1980

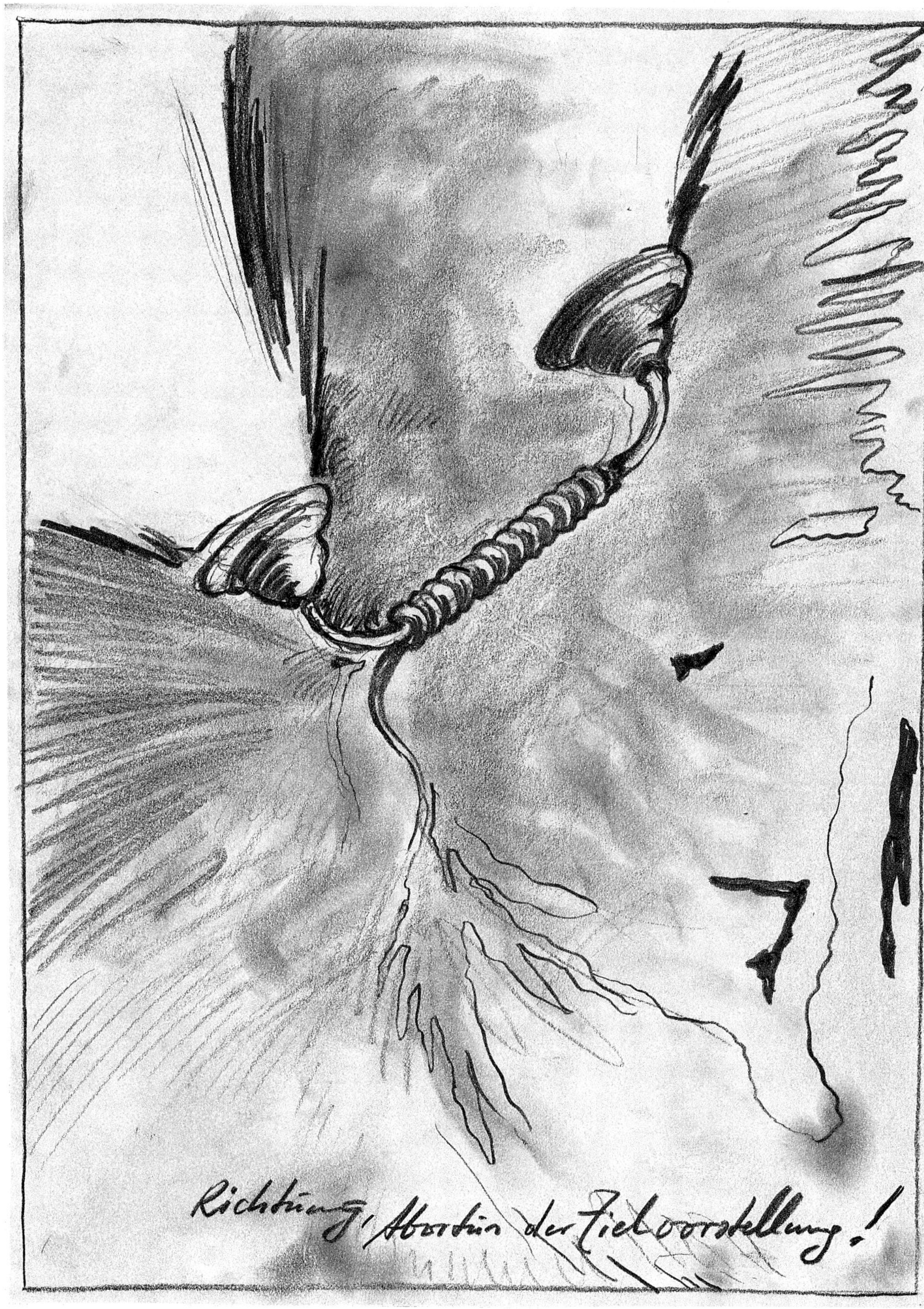

54/6 NR. 6 DER BILD-DICHTUNG TRAUMENTZIEHUNGSKUR 1980

54/7 NR. 7 DER BILD-DICHTUNG TRAUMENTZIEHUNGSKUR 1980

54/8 NR. 8 DER BILD-DICHTUNG TRAUMENTZIEHUNGSKUR 1980

GÜNTER BRUS

Weißer Wind

Der Tag kocht in Wetterstürzen. Gas brüllt in den Schluchten. Aus Höhlen, die einst von Jägern behaust, schreit unfarbenes Licht und zerreißt gänzlich im Sturme.
Die Tafelberge sind fern angelegt von den Schmeicheleien, die die Natur wohl auch auszuteilen vermag. Auf dem Plateau kracht eine Herde in sich zusammen und ist bald nicht mehr vom Gestein selbigen Ortes zu unterscheiden.
Ein schwarzer Raubschatten flieht . . . .
Anderswo flirrt Feuer in den Kaminen, huscht ein vertrauter Schatten über müdweilige Lippen — gibt es Barmherzigkeit der Väter und Dankbarkeit der Söhne.
Hier ist, sobald Gefühle von Hoffnung und Heiterkeit auftauchen, hier ist dies ein Akt der Selbstvernichtung.
Das Glück drückt hier dem Betroffenen die Grabesschaufel in die Hand.
Augen stechen Augen aus.
Der Wind trübt die Farben, glättet die Verzierungen und drückt sie platt — und geschwollene Herzen werden in Walzwerken gepreßt.
Blut als Zierat dreht sich im Raume und man schöpft Hoffnung. Der Wind faucht jedoch in das wohlbegonnene Ornament und hinterläßt eine Arabeske Nichts.
»Gehe hinüber zum schwarzen Moor und suche die gefällte Eiche auf. Dort wirst Du eine Kröte gewahren, die ihre Krötenkinder stillt. Zertritt sie, zerstampfe sie mit einem wüsten Aufschrei!!
Löse das Krötenfleisch sodann aus Deinen Zehen, Du Jammer aller Notgeburten!«
Diese Stimmen auf dem Plateau, diese totgetönten Verführungen . . . . diese Befehle, Gewalt als Liebe auszuführen! Diese Befehle, Gewalt als Liebe zur Kreatur zu vollziehen!
Dieser Tiger, der den Löwen anfällt!!
Dieser Löwe, der den Tiger anfällt!!
In einer Mulde liegt ein Hindurstender, geritzt von tausend Streifschüssen. Sein Hund würgt die Finger hinunter, die dem Herren fehlen. Erzählungen verkümmern im Bauch der Gehirne. Der Heiland besteigt den Berg von der kalten Seite her und erbricht sich. Als ein großer schwarzer Tod senkt sich die düstere Wetterwolke auf das Plateau — und Blitzmännlein, grünlich am After, gellen voneinander ab.
Zärtlich kost der Aasgeier die Adlerin.
Wut aber ist Religion geworden und gelbe Giftkügelchen werden den Betenden auf rustikal geformten Patinen gereicht.
»Fliehe!«
»Wohin?«
»Wohin auch — fliehe!«
Jakob nimmt den abgesägten Gewehrlauf, welcher im Rostwasser schon faulte, und erschlägt sich, seine Schädeldecke zertrümmernd. Die Haarwurzeln jagen ins Zentrum der Nervgereiztheit. Jakob stürzt, fällt zur Rückseite seiner Hülle hin und begleitet das Geröll, welches im tiefen Meerauge verschwindet. Im stillgelegten E-Werk zurrt die trockene Haut des Warans. Ein Fensterladen bewegt sich. Der Wind knüppelt jedwedes Feuer, welches sich entfachen möchte, im Ansatze nieder.
Die Zukunft ist schon Brauchtum auf diesen Höhen.
Essig und Galle werden in einem geräumigen Troge über die Steppe geschleppt.
Auf dem Hochsitz des Raupenfahrzeuges thront ein gespaltener Stier, aus dem Maule Formeln ruckartig speiend, welche sich zeltförmig aufblähen und Horizonte verschlingen.
»Keinem wird es gelingen, in die Weite zu blicken . . . . . in die Ferne. Alles wird nah sein, nahezu. Verwandt werden Fleisch und Unheil — und Gefängnisse werden Kinder der Klöster und Klöster der mit Einsamkeit gefüllten Pokale aus Staub.

Alle werden sich nicht verstehen und jeder wird seine Sprache verschlucken.
Der edle Engel will sich vergolden, doch edel wehrt sich das Edle gegen die Beschreibung.
Aus einer wilden Urmutter tanzen Paare, Aas küssend . . . . »Der Selbsterhaltungstrieb . . . . ein Gummibandbetrieb.«
Unsichtbare Stimmen. Wenn die Seilschaft, die freilich nicht vollzählig, im Tale ankommt, wird sie mit der Seilschaft, welche, noch vollzählig, sich anschickt das Plateau zu erreichen, zusammenstoßen.
Der Unfall ist verwertbar, Tod ist Industrie. Aus dem Leid formt sich die Fabrik.
Eine hohle Villa, mitten im Samenerguß, darin Ansichtskarten gefertigt werden. Der Hausherr stinkt nach Öl. Seitlich hingeschleudert ein Spinnrad, darauf ein Weberknecht seine Beine von der Natur der Sachen isoliert.
»Einen Kranz aus Düften flechte ich Dir, Monika! Einen Treueschwur gebe ab — und vorbereite Dich für ein Leben in der Wohnlandschaft mit Geschlechtsoase!«
Ein rohes Licht geistert hinter den jagenden Wolken. Graue Prüfer befühlen die knallharten Klänge gebrauchsloser Wesen. Der Tüchtigste wird mit dem »Erdschwerpreis« gekürt.
Ohne Anziehungskraft bleibt der Leu ohne Krallen. Der Jammer erfindet die Organisationen, die Kinder erfinden Greise: sich! Das allerlängste Leben ist der kürzeste Athemzug des Wals.
Regen prasselt auf die Hütten, welche mit den Tierhäuten der Boxhandschuhe gedeckt — und aus den Poren jagen die Schreie der Wundgeschmerzten.
»Was?«
Keine Musik. Keine Bewegung. Todlos . . . .
Man sieht dennoch eine Seilschaft am Nordwesthange, wie sie sich bemüht, die zornigen Klippen zu bezwingen — abwärts.
Hagelschloßen sammeln sich im offenen Munde des Hinterbliebenen. In der seilgeflochtenen Hängematte entschläft, o stiller Friede, der Bergführer. Die Rotte läßt ihn zurück und das Fleisch des Bergführers fault und sickert klebrig durch das Liegenetz und die alte Lunge tropft auf die Klippen. Gebete werden durch Flüche zugedeckt. Die Jungfrau schläft, bedeckt von einem gewaltigen Faustschlag. Der Dichter rupft die weiße Taube, die er mit dem Gurgeldreher gemästet wie Straßburger Gänse: Nicht für Euch, nicht für sich!
Der Keim der Vielfalt zerfällt in Massen.
Gras wächst über Gras, Gut über Gut, Gott über Gott.
»Gehen Sie bis zum ersten Schnee geradeaus und biegen Sie nach der dreihunderteinmaleinzigsten Flocke ab, rechts oder links — oder geradeaus!«
»Was will ich dort dann finden?«
»Ein Küken, welches schwarz im Ei vermodert.«
Der weiße Wind schweift aus, den Störenfried zu stören.
Zwei Augen sind genug für die gewöhnliche Schönheit, zu wenig aber, das blinde Hirn durch eine Spanne Ewigkeit zu geleiten. Jakob der Seher schleudert seine Augäpfel aus den Höhlen und diese klatschen in die Lidtümpel zurück.
Wie Blattläuse hängen Philosophen am Krückstock, der alleine wandert und keinen Kurort findet. Regelmäßig blinkt primärgelbes Licht aus dem Fantasierapparat Hoffnung: gut frisierte Stunden mit schlecht verklebten Wunden.
In Eile schlägt ein Herz, Wachs schlägt im Feuer Verletzung.
»Wann kommen die Verspäteten?«
Der Wirt ist nervlich belastet. Erbschaftssteuern drücken seine Sorgen samt seinem Leib ins Bettzeug, wo keine Ruhe mehr gefunden werden kann. Was nützt da der geadelte Schwan auf dem Kissen? Die Verspäteten kommen, wenn sie kommen, gewiß im Zustande des Neides — und Geiz wird aus dem Fleisch des Wirtes sodann gelöst. Und nichts mehr schenkt er ein.
»Sperrstunde!!!«
Verzicht heißt der Bericht.

Im Gefrierschrank liegen die glatten Jungaale und der Gastgeber zieht den Stecker aus der Dose und die toten Jungaale werden durch Frischluft nochmals getötet.
»Gehe hin zur gefällten Eiche, wo Du eine zerstampfte Kröte und eine verweste Krötenbrut findest — und werde die Hyäne!«
»Wer bist Du, Stimme?!«
Keine Antwort auf dem Plateau der ausgestorbenen Fragen.
Eine zweite Seilschaft versucht den Aufstieg. Jedweder Teilnehmer verpflichtet sich, eine geschützte Art als Emblem zu tragen. Der Winter bricht ein mit einigen Sonnensträhnen. Wie Eis schmilzt die Gerätschaft, — kalt . . . .
»Ich habe die Flucht ergriffen, doch sie war unfaßbar!«
Aus den blutenden Zyklamen steigt die Trauer . . . . . weit. Gebiete brauchen Gebieter. Selbst das Heiligste braucht noch Heilige.
Menschheiten, nicht geistig umnachtet, sondern geistig betagt. Das Sandkorn ein anderes in der Wüste plagt. Viel einfacher ist's, das Plateau auf der Sonnseite zu besteigen, doch wagt dies niemand.
Aus nie erklärbaren Gründen huscht das fünfblättrige Kleeblatt vorüber.
Der Auferstandene hat keinen Namen mehr. Abhanden gekommen wie die Sintflut ist alles, was einst »Vergangenheit« hieß . . . . . Vermächtnis, Erinnerung, Säuglingsstadium . . . . .
Studium des Unerforschungslosen.
»Geh heim!«
»Zurück, Zudringliche!!«
»Weiche, weiche, Scheltkraut!«
Ein Brandbombenreptil schüttelt Ruß vom Giftherd Leib. Links und rechts ragen fürchterliche Felsen in die Höhe und schlagen mit ihren gezinkten Stirnen zusammen.
Mord, Luft zu zerquetschen!
»Gebe Dich zu erkennen!«
»Silberfischlein.«
»Ach, Silberfischlein . . . . . und hast aber doch eine schmerzliche Stimme!«
»Ich bin nicht mehr . . . . . .«
Ein Rennfahrer aus Zyankalith kurvt im Abendrot.
Angst.
Lachgas wird verabreicht.
Aus-Satz . . . . . Pest
Urplötzlich wird der Lenz aus dem Kelche geschüttelt und Märchenglimmer besprenkelt Tau — und ein Zwiemännchen zäunt das Zyklamium ein, legt Wühlmäusleinsgift aus, spatet in der Gegend herum, als gelte es das Feuer aus dem Erdkern zu schaufeln, und schwitzt dabei wie ein Stromverbrauchszahlenableser — und stöhnt auf.
»Als Zaunkönig geboren, muß ich als Menschenknecht verenden. Mich verschwendet die unendliche Wissenschaft Dummheit.
Da leg' ich meinen Spaten hin . . . . . und nichts weiter.«
Ein Schmetterling torkelt vorüber, mit einer Zahnschmerzbinde. Ein Glas Wasser fließt in die Quelle zurück. Vor den zehn Geboten suhlt sich Remineralisierung, die sich aus der Verdunstung schlägt.
»Meine Zeit ist um, also Deine!«
Aha, so ist die Welt bestallt! Unersetzbar alte Sachen werden durch unersetzbar neue Sachen ersetzt. Liebe setzt Liebe aus, daß sie verrecke. Als Knabe will man den Käfer, den Ameis in Zaumzeug legen, ein Streichholzwägelchen hinterherzuziehen zum Wohle des Verkehrsbetriebes Sehnsucht.
Jakob fängt den Blitz mit nackter Haut.
»Zweige ab, Artist der Vernichtung!«
»Warum?«
»Gleich, warum, zweige ab!!«

Rund um dieses Gipfelspiel baut man lebendige Zeugen des Vernichtens: Wohnungen.
In diesen Wohnungen zerfällt man, um zu gefallen. Und um zu gefallen, richtet man sich auf. Man wohnt, um dem Nachbarn, welcher eine Kapelle benötigt, einen Dom vor die Lächerlichkeit SCHÜTZT DAS ALTER DER ERDE zu setzen . . . . ach!
Man hält sehr viel vom Kräftesparen: sich entzweien!
Die Siedler zeugen keine Kinder, bekommen aber dieselben im Gedenkraum ERFINDUNG. Zeit wird aus Zeitersparnisgründen getilgt.
»Bitternis, Horchposten des Alls.«
In den Vorbezirken der Kellergeschoße errichtet man KONSTANZ. Bald wird ein Oberbefehlshaber der Kellergeschoßkriege gefunden. Man erklärt ihm seinen Rücktritt.
Jakob erklärt nichts.
»Auf den Trauschein klebe das ungeborene Herz des Kindes!«
Das Garnichts ist befleckt und die Gebote flechten kränkliche Ränder in das Garnichts. Wenn man aber als Geist umgeht, muß man zum mindesten ein langes weißes Nachthemd anhaben, welches auch noch das Erwachen verhüllt.
Nach dem Auferstehungstod nennt sich Jakob JAKOB.
»Alles nicht wahr, also richtig!«
Teile des Plateaus entfernen sich durch Erhebung. Die Seilschaft »Brüder reicht den Kuß zum Kusse« zerstreitet sich auf halber Höhe. Manche wollen den Aufstieg, manche wollen den Abstieg.
Also bleiben sie, wo sie sind und nichts mehr wollen. So entsteht eine Ansiedlung in den Klippen. Ein mitgeschleppter ausfaltbarer Kirchturm wird errichtet, wird aber von den Klippen überragt.
Man pflanzt Glockenblumen dort, wo man Tausendguldenkraut entfernt. Um das Wiesengrün zu schützen, legt man wiesengrüne Platten als Fußwegweiser an.
Artus ist ein großmächtiger Hund, der seine Zähne fletscht und seine Reißer kragen aus dem lavafärbigen Kieferfleisch. Sein Schwanz wedelt in den Bäuchen der Berittenen. Wenn der Kienspan erlöscht, dann ist es dunkel im Saale der Tafelrunde auf dem Tafelberg und ein Geheimdienstbote schleicht sich in den Saal und versteckt sich in der Rüstung, lugt aus dem Visier — und sieht zu, wie die Kleinkrieger Orden bekommen: spaltbares Metall HAMLETONIUM.
Spione lügen nie!
Auf dem Plateau werden Zweireiher getragen.
Jakob, der Wiederwiederauferstandene geht im weißen Winde. Wie zufällig hingeschlichtete Urnaturalien befühlen die Vaterstatt. Alles, was im Wege liegt, absorbiert Geschichtsloses. Das Wenigste ist genauso viel wie das All einzig ist. Geadelt wird der edle Stumpfsinn. Jakob befiehlt seinen Schritten, zum Kopfe zu steigen. Die Zehen krallen sich in die Hirnbutter, darin die Hirnbutterfliege ihrer Heimstatt einen Bleiteppich ausgelegt. Ein Entsetzen pfeift mit dem fliehenden Herzen über alles hinweg, was steht, was liegt, was fliegt. Der Höhlenbär reitet auf dem Sauronom. Gier, Bestätigung zu finden, findet sich im Gegenteil bestätigt: Lob entfaltet sich als Hiobspreisung.
Mit all seinen Sinnen erreicht Jakob die Tonhalle. Laute dringen aus dem Kuppelbau. Man bläst!
Als Jakob in den Kuppelbau tritt, verstummt die Musik.
»Gehe hin und sei einfach — und Du wirst verdammt von der Forderung nach komplizierten Leistungen!«
Jakob zieht eine Tarnkappe auch noch über sein Schweigen.
Ein Tier treibt aus einem Tierlein, welches zu zart und klein an sich, das Tier zu gebären — und das Tier hat überdrein noch eine Axt in den Klauen, welche aus vorzeitlichem Menschenfelle ragen — und an seiner empfindlichsten Flankenhaut wachsen auch noch unzierliche gifttränende Rißpilze — und zum Überflusse umkreist das Tier eine messerscharfe Tierscheibe von dreifachem Ausmaße — und jedwede Berechnung jedweder Sprengkräfte wird ins Reich der Erdsalze verwiesen, wo die Berechnung verdummen kann.
Jede Hilfe kam zu früh!!
Das Plateau verschwindet in Kürze.
Ein langwieriges Verfahren ist der Bruchteil der Gefahr, einen Moment beginnen zu lassen.

Gleich einem Termitenhügel taucht Jakob auf und versteckt sich einen Luftzug lang in Artus, welcher von den Krallen des Efeus gleich schnell abgebaut wird.
Schräg strahlt die Sonne auf ihr eigen Angesicht. Jakob erwacht in den Schlaf.
Der Gesang des weißen Windes trennt seine Ohren vom inneren Tone, seine Extremitäten vom inneren Leibe, sein Glied von Schwester Angelika, der Glöcknerin, die bis dahin in ihm stak.
»Deine Berufung sei Lieblöser!«
Jakobs Leibverbleib wird bis über den Siedepunkt erhitzt und zerstäubt im Spiegelbildlabor. Dem Chirurgen bröselt der Mensch vom Skalpell.
»Mit der Abschaffung des Spiegelbildes beschäftige Dich — und hast Du Deine Erfindung getan, so zertrümmere sie!«
Es drüst. Es lympht . . . . . .
Wie an die kränkelnde Leber genähtes Mondlicht . . . . . .
Die Zacken brechen vom Stern und versuchen einen Kreis zu formen.
Der weiße Wind heilandet in der Hölle.
»Sehe aus wie ein anderer und knete daraus Dein Ich. Lähme Deine Hände!«
Mit dem Gruftdruckgewehr erschießen Tote die Toten.
Mit mikroskopierten Tripperbeinchen nähert sich der Filzlauskönig von der noch nicht bestiegenen Flanke dem Plateau, sich anschickend, die Zweiganstalt der Vernunft auszurauben — und scheitert an einem gewöhnlichen Beinchenbruch.
»Herrgott! Vater!! Mutter!! Uns!! Reihung!! Wertung!! Deziliter!!«
Jakob weint am Gestade der Sünde. Die Träne ist Erzählung, nasse Lüge.
Weizengoldne Planiergeräte plätten den Schatten, welcher vom Mohn geworfen.
Der Mohn ist die Trauer, Gift kapselt er ab.
Nein! Nun!
Jakob steckt in der Zahnreihe. Der Riese stochert und trifft sein Herz. Aus dem Herzen fließt Blut. Der Riese ißt das Blut und scheidet es aus.
Das Ausgeschiedene schwebt im Raume und Jakob macht dem Ausgeschiedenen Platz.
»Spreche: das eigene Gewicht fällt nicht ins Gewicht!«
Nicht die Zeit wird gemessen, sondern die Vermessenheit.
»Beurlaube das Erlaubte. Werde frei!«
Jakob entsuhlt sich der Vorkommnisse.
Ein Sonnenstrahl, welcher das Plateau nun zum letzten Male, historisch verbürgt, trifft, verfängt sich in einer Granne. Wild wechselt Natur zur Unnatur — und natürlich verwechselt der Beschreiber die Meinungen, die die Nimmernichtse nicht vertreten.
Das Unglaubliche ist Präsident.
»Zähle Deine Fingerendglieder!«
»Ha, was!?!«
Man reißt einen Bach ab, um die Mühle zu erhalten.
Man reißt den Menschen aus der Geschichte, um den Terror Natur zu erhalten.
Man nennt sich Jakob, um mit Jakob verhandeln zu können.
Das meiste ist erlaubt, das meiste ist verboten. Da jedweder Speichel Lippen besitzt, hat jedwede Lippe Speichel auf der Lippe.
»Gott, Du Menschensau!«
Jakob zieht seinen Mund aus der Erde — und liest, toten Auges.
Jakob sagt: Was kann die Menschheit dafür, wenn ich jetzt nicht an sie denke?
»Du kannst Dich erheben, wenn die Erde sich von Deinem Bestand, Deiner Erhebung schüchtern wegzieht — entfernt.
Anders gesagt, wenn der Bestand, der außer Dir da ist, sich entfernt, dann tust Du taumeln. Bitte nenne es ERFINDUNG.«

Jakob liest und liest — und liest das Rad vom Wagen weg.
»Bücher sind verhaftete Denkzettel.«
Das CHRISMA glüht.
»Keine Wortgewalt, kein Stottern — nur noch durchsichtig bekleidetes Schweigen.« Jakob erreicht die gefällte Eiche nie.
Drüben in den lustlosen Gewächsen sieht er einen Ort, welcher dem seiner Einbildung ungefähr gleicht. Er hält inne, gewährt seiner Ausdünstung freien Ausflug, beherrscht sich, indem er seine Gedanken, sobald sie dehnbar sich zeigen und eine Figur zeichnen möchten, zerhackt . . . . . und erblickt dadurch das allerwichtigste Nebenbei: eine Statue, geformt aus seinem Wesen. Die Statue lehnt an einem Luftverhau und an die Brust ist eine Gedenktafel genietet:
»Hier wirkte und lebte JAKOB, der seinen Lebenslauf mit Auszeichnung bestehen wollte.«
Ein Pfau beschreit die Gedenktafel.
Die Spitzen des Hirschgeweihs stinken schon im Ansatz, an den Klauen.
Das Gute und das Böse wird durch das Schlimmste, in Güte getan, erlöst.
Ein Fahrzeug fährt durch das wirre Geschehen, darauf die Ypsilonbeine der Meisterin vom Rosengärtlein geschnallt.
»Reiße den Wolf, heule!«
Nein. Die Nacht wird von Gotteshand auf einem Tablett serviert und bedeckt das Plateau. Im Zeigefinger des Geeinsamten nascht ein Wurm, die Walzertaktschleife zu ergrübeln.
Sieben kleine Himmelsferkel schnallen sich sieben kleine Sauschnorchel ums Maul — und weinen unter dem Meeresbodenspiegel, darin das Vergehen aller Antlitze sich erkennt.
Wiesen rasen in den Gärten.
In der Seelenachsenhöhle schmaust der Menschenschmatzer Fett.
»Die Frist ist befristet!«
»Wer bist Du, Stimme?
Wer sind Sie, Stimme??«
Am Wendekreis der Erbschaften entstehen Advokatenbureaus. Die Pfeffer- und Salzpagoden auf den Wahnwirtschaftstischen werden ausgebaut. Korn flieht panisch aus den Kammern.
Der Zierfisch verschlingt den Wal.
Vogelstimmen sind Wunden, die niemals heilen.
»Der Schädel hat Schlupfwinkel, in welchen das Lispeln der fünf Sinne verschwindet. Zurück bleibt der unerforschte Sinn des Widerspruchs . . . . der Widerwiederauferstehung.«
Wäre nur ein Planet im All, man würde ihn trotzdem mit Sektierern besiedeln.
Auf dem Plateau zerrieb die Wut jede Erhöhung zu Staub. Platanen rieselten nieder und die daran angebrachten Brutkästchen für Erfinder oder Träumer staubten hinab . . . .
Die Gegenwart wurde . . . . . jedwede eben vollzogene Tat wurde sogleich Vergangenheit . . . . wird sogleich der Ausdruck des Ungetanen, der Untat!
Fahnen verlieren Farben
Farben verlieren Augen
Wild verliert Natur
Mittendrein wird Bogotá gebaut. Die Erbauer beginnen mit den Vororten, welche sie mit unsäglich-herrlich geschmückten Kathedralen aus menschlichen Ausdünstungen erbauen, setzen Architekturen dann unter der Erde fort, wo Wohnstätten für die Erbauer errichtet werden, wühlen sich hoch zum Zentrum der Einwohnerschaft: Sankt Elend, ein Kurort im Eiterplasma, Kapitale der vielbelachten Eitergenossenschaft. Dort wird ein Loch gebohrt, um wiederum alle Wesen, die ins Zentrum gelangen, zurück in die Vororte zu befördern.
Hilfeleistung hält Ausschau nach Gewalttätigkeit. Symbole stellen ihren Totenschein in der Urheberschaft aus.
Die Galle der Wühlmaus prangt auf der Flagge des Adlers. Weiß schweigt die Höhle.
Eine Beerensammlerin bückt sich und gewahrt die hüpfende Kehle des Brandvögleins.

Sanft verwundet der Blick des Tieres den nun einmal stattfindenden Zeitenschlag. Die Beerensammlerin schweigt still . . . . und verliebt sich in ihre Bewegungslosigkeit.
Mit der Achselhöhle drückt sie sanft das Köpfchen des Brandvögleins — und dieses schmiegt sich darein und piepst fast klanglos . . . . . . hauchend, als müsse eine Perle aus einem Zwischenreich auf die Krone der Ohnmachtsgöttin getupft werden.
Jakob brüllt!!!!!!!!!!!
Die Zeitungen schreiben: »Jakob in Bogotá!«
Ich bin Jakob, und dies meine ich so, wie der Zeichner es meint, wenn er aus einem Wirrwarr von vielleicht zunächst gleichgültigen Strichen eine Figur formt — ein Abziehbild seiner Befindung . . . . . . und bin Jakob auch, wenn der Zeichner im ersten Wirrwarr stecken bleibt, oder gestört wird und seine Formen nicht fortsetzen kann.
Wäre ich immer im Momente Jakob, so wäre ich der Präsident des Kommenden: des Nichts. Wie keine Form wäre, wäre sie Form von Anfang an. Ja, dies ist eine Entschuldigung, ja! Nochmehr ist dies eine Klage, eine große Klage — und mein Schwert zischt im Tränenfluß auf.
Horden ziehen durch Straßen und Avenuen und zertrampeln noch das Ausgerottete, welches als Denkmalpflegeanstalt noch bestehen wollte.
Laut spielt man die Laute.
Der Weizen flieht aus den Kammern.
Der weiße Wind zischt sich an!
»Ich trage als Kaiser Purpur und Schweißfleckmedaillen, dem Volke zu beweisen, daß ich jahrhundertlang geschuftet, um als Schuft erdolcht zu werden.«
Die Silben aber trennen sich im Munde schon. Der Schrei des Erstgeborenen verblutet im Herzen, im stillgelegten. Ein Krieg bricht aus. Ein Halbierter kämpft gegen einen Gevierteilten — und die Ungerechtigkeit siegt.
Niemand überdauert, nicht einmal die Schuld.
Das Wiedererkennen ist eine Ausrede.
Weiß zieht sich ins Weiß zurück.
Menschen werden gefressen, ohne daß sie verletzt werden.
Jakob fällt.
Die Jäger verwildern.
Das Plateau ist frei von jedweglichen Nachurteilen.
Der Restgeist wird von den zusammenrückenden Wänden der Höhlen verdichtet und die Sprache der Erinnerung zerbirst, sodaß Nachhilfekurshöhlen gegraben werden müßten.
Niemand gräbt. Was erlaubt gewesen wäre, verbietet sich als Natur der Sache in der Unnatur.
Die Gemeingefährlichkeit VERVIELFACHUNG deckt sich mit der Geheimgefährlichkeit WIDERSPRUCH.
Wenn am Anfang das Wort war, da WESEN aus dem unwesentlichen Nichts gespien, so ist nun am Ende kein ORT. Gäbe es eine Erinnerung im Nichts, im wirklich nichttatsächlichen N, so wäre in ihm nicht das Sein — oder der Schein des Seins, sondern der UNORT die Hauptsache.
Die Nebensache, das NIXIKON, in welchem Jakob, ein menschlicher Klagerufer, jetzo als Eselsohr, welches nicht mehr ist, da die Eselsohrsammler auf dem Tableau umgehen, gerade noch sein Mündlein aufsperren tut, daraus ein Tapetenornament für eine umgebaute Hoffnung fleucht.
»Zähle bis 1 und schlage die 2 zusammen!«
Eine Beerdigung ist auf dem Tableau unmöglich. Taucht man den Rest eines Lebens in einen geweihten Kübel, so platzt dieser und vernichtet die Beistehenden. Hängt man den Vorrest eines Lebens auf, so reißt der Strick und zischt als ein nimmerendender Orkan über die Sandäcker, wirbelt Granitkörnchen auf und zerstückt das Licht dermaßen, daß im Auge der gesamte Inhalt des Auginhabers sich sammelt und platzt.
Will man einen Brandstifter verbrennen, was auf der Hand liegt, so erlischt das Feuer — und man hat nie mehr eines, nimmermehr.

Will man ein Opfer darbringen, um ein gottloses Sein zu bestätigen, so muß man sich opfern — sich insgesamt.
So muß man warten, bis die Hand, welche das Tableau hält, müde wird.
Man muß sich ausrotten, ohne vorhanden zu sein.
»Hier ist der zugesperrte Mund das Grab, und auf der Zunge lichtlost die letzte Leidenschaft, zu hoffen, daß der Mund durch eine gewaltige Explosion aufgerissen werde und Dünger aus vergangenen Mitgiften speie in einen Raum, der von menschlichen Eigenheiten nicht mehr kündet . . . . nur mehr der Genuß des Schwärzesten ist: das Nachtmahl des remineralisierten Glaubens — die Kutte, welche im Darm der Ratten von Gläubigen in ihrer Zersetztheit als ein GEGENSTAND der Verehrung angebetet wird.«
Süße küßt Salz.
Und die Sonne steigt auf hinter dem vergoldeten Kondor als ein Kristall von milliardensten Nuancen — und zerreibt sich an den Hehrsternen des Himmels und paart sich mit sich.
Das Herz des Alls setzt aus als Sensation.
Alles drängt zum Ausgang, belustigt, daß er zugesperrt.
Werke zwängen sich durch die strenge Gerechtigkeit der Anstrengungen zurück zum Vorhof des Paradieses:
Erdschweif — Herdschlitz.
Kinder entkommen der Welt.
Liebe zurrt geräuschlos im Raum — unbetastet.
Gut ist gut.
In einem Extrazimmer ist tiefste Nacht, darin eine hohle Stimme erstickt.
Es werde finster

Quirinus Kuhlmann
Der XXIII. Liebeskuß
Die Geburtsnacht des Herrn

O Nacht! Du große Nacht! die heller als der Tag!
O Nacht! ja Licht! und Licht, das Sonnen übersteiget!
O Nacht! dergleichen nie der Kreis zu sehen pflag!
O Nacht! darinnen sich das größte Wunder zeiget!

O Nacht! die schon dort pries der Patriarchen Sag!
O Nacht! da alles spricht! da Berg und Fels nicht schweiget!

O Nacht! die den umschloß, den nichts umschlüßen mag!
O Nacht! vor dessen Kind die Welt sich zitternd neiget!
O Nacht! der Himmel bebt ob dem ganz neuen Lauf!
O Nacht! daß der sein Mond, der Mond und Sonne blümet!
O Nacht! daß der dir scheint, den Mond und Sonne rühmet!

O Nacht! die ganz durchsternt der Cherubinenhauf!
Hier will ich Tycho sein und dies Gestirn erlernen,
Bis sich mein Geist gesellt zu solchen Himmelssternen!

55 TOTE NERVEN 1983

56 SCHWERER HALBSCHLAF IM GIFTWAHN 1982

57 DIE TRIEBTÄTERIN 1982

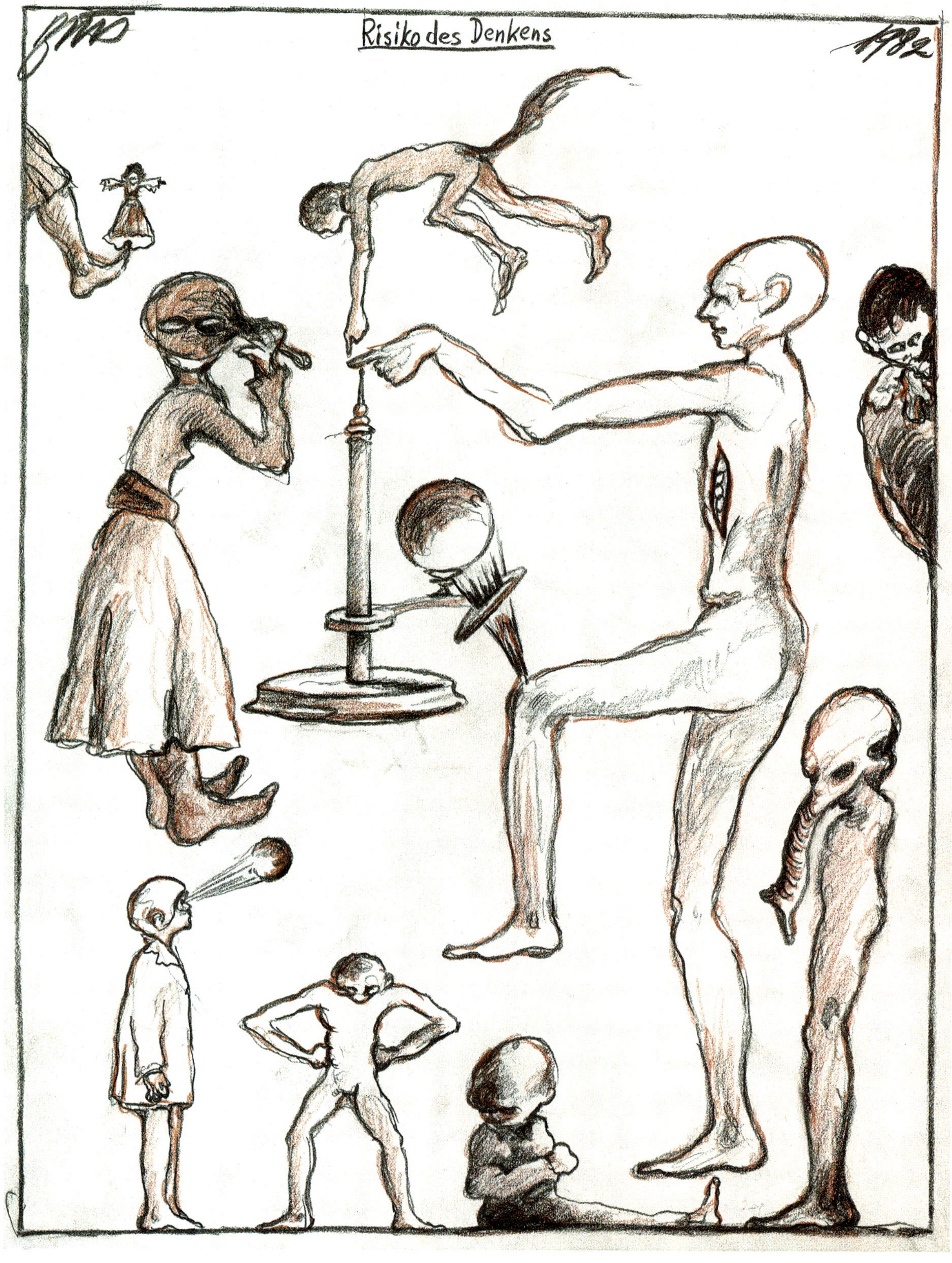

58 RISIKO DES DENKENS 1982

59 BANNBILD 1983

60 STRATOSPHÄREN-ÜBERDRUCK 1983

61 GRAUER GAST (GLEICHGEWICHT DES SCHRECKENS) 1983

62 ABSCHIED VOM ROSENBÄUMCHEN 1983

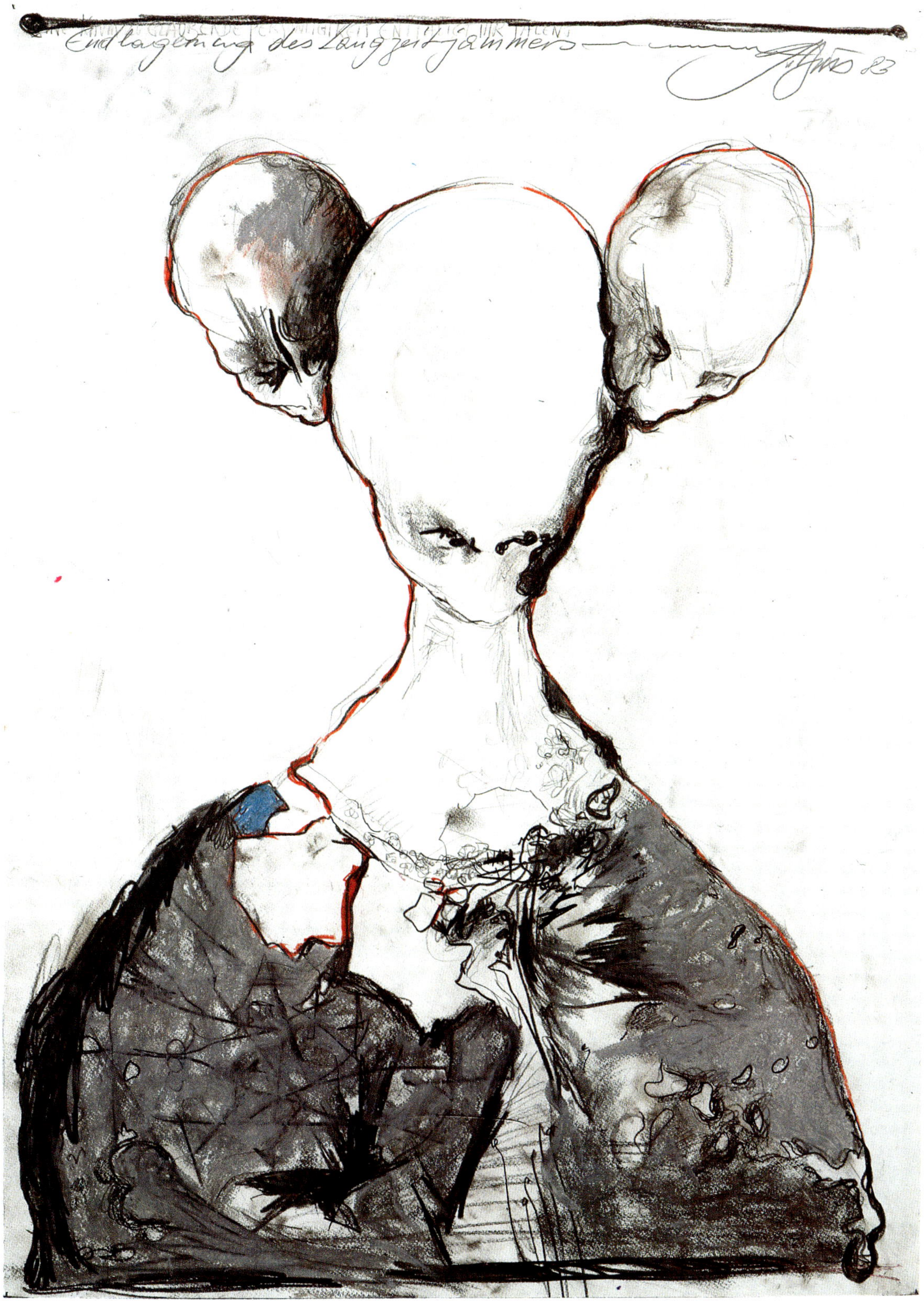

63 ENDLAGERUNG DES LANGZEITJAMMERS 1983

64 WAHLSPRUCH DER NEUESTEN GRÜNDERZEIT, DES HISTORIZISSIMUS: NACHAHMEN IST KUNST, NEUSCHÖPFUNG BLAUER DUNST! 1983

65 EUER DURCHLAUCHT 1983

66 SELBSTBILDNIS 1984

67 WELTENBRANDFANAL 1984

68 HULDIGUNG AN ANTON VON WEBERN 1984

69 DIE NACHT DES GOLDFASANS 1980/1982

70 DIE NATUR BENIMMT SICH 1983

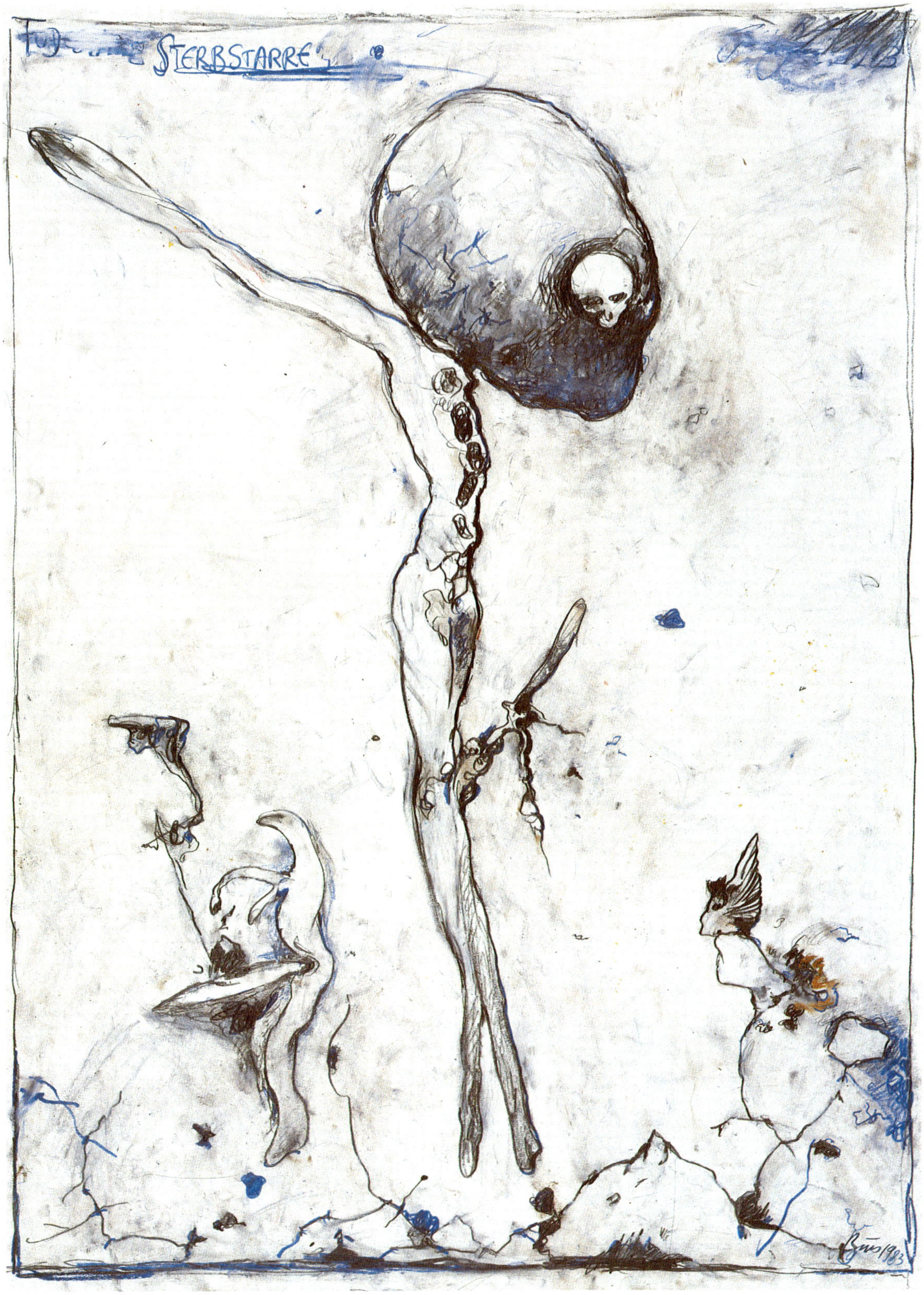

71 STERBSTARRE 1983

72 DAS HERZ 1980

73 DIE VENUSFALLE 1981

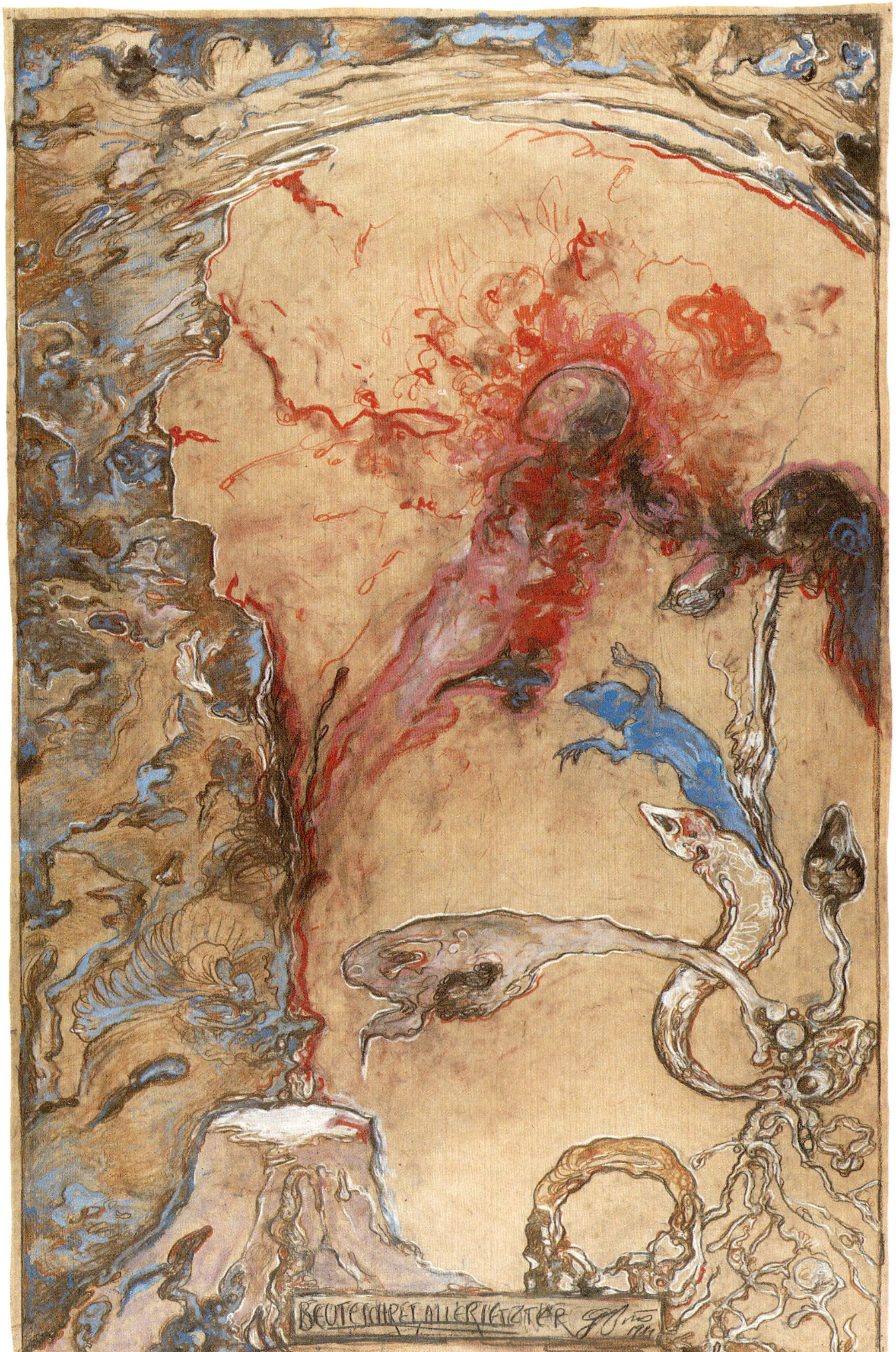

74 BEUTESCHREI, ALLERLETZTER 1981

75 BESTATTUNG IM EIGENBLUT 1981

76 WATTEAUS RACHE 1983

77 FRAGONARDS RACHE 1983

78 POLYPHEMS BRILLE 1983

79 HORCHPOSTEN DES PULSSCHLAGS 1983

80 GEOPHRASIE 1983

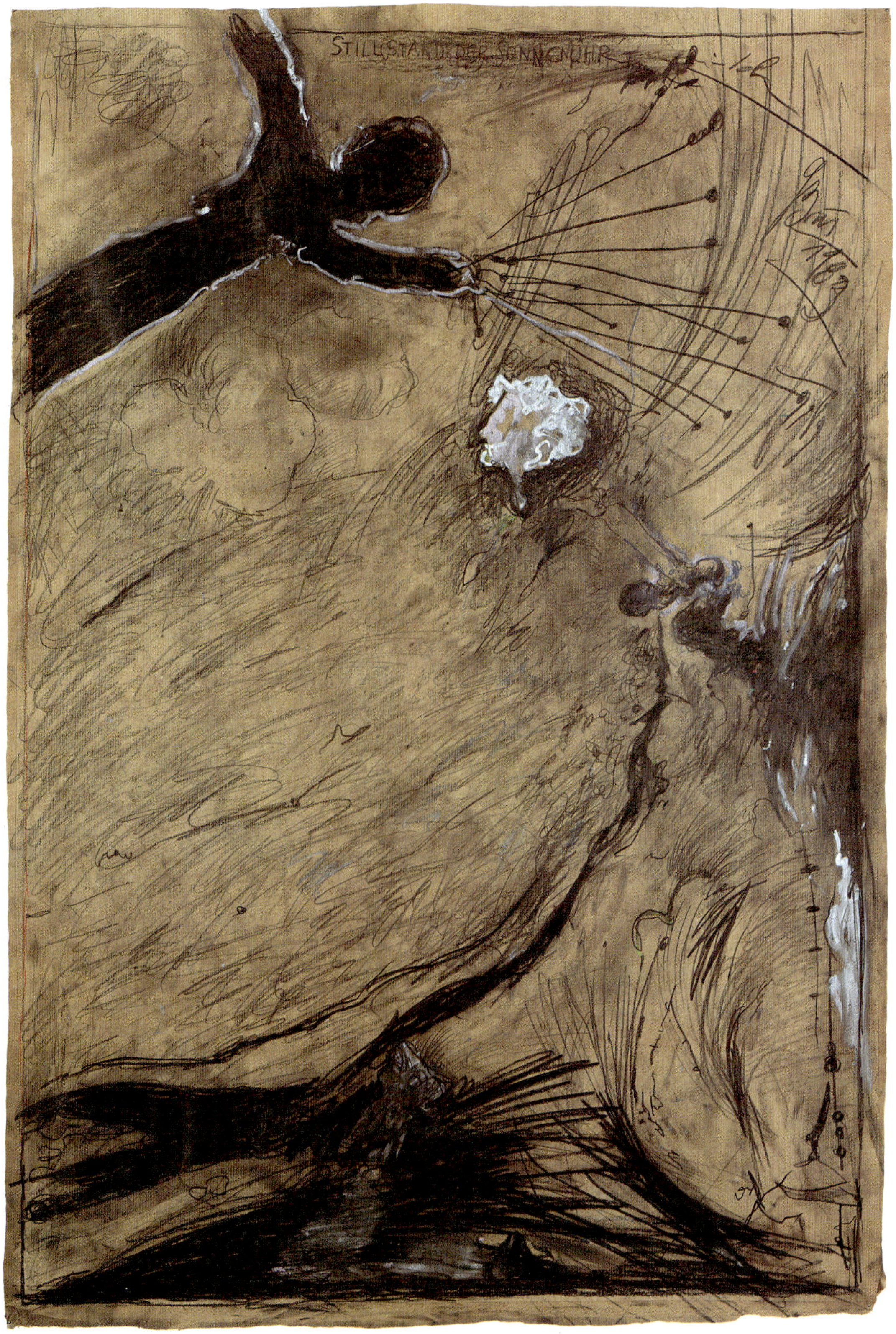

81 STILLSTAND DER SONNENUHR 1983

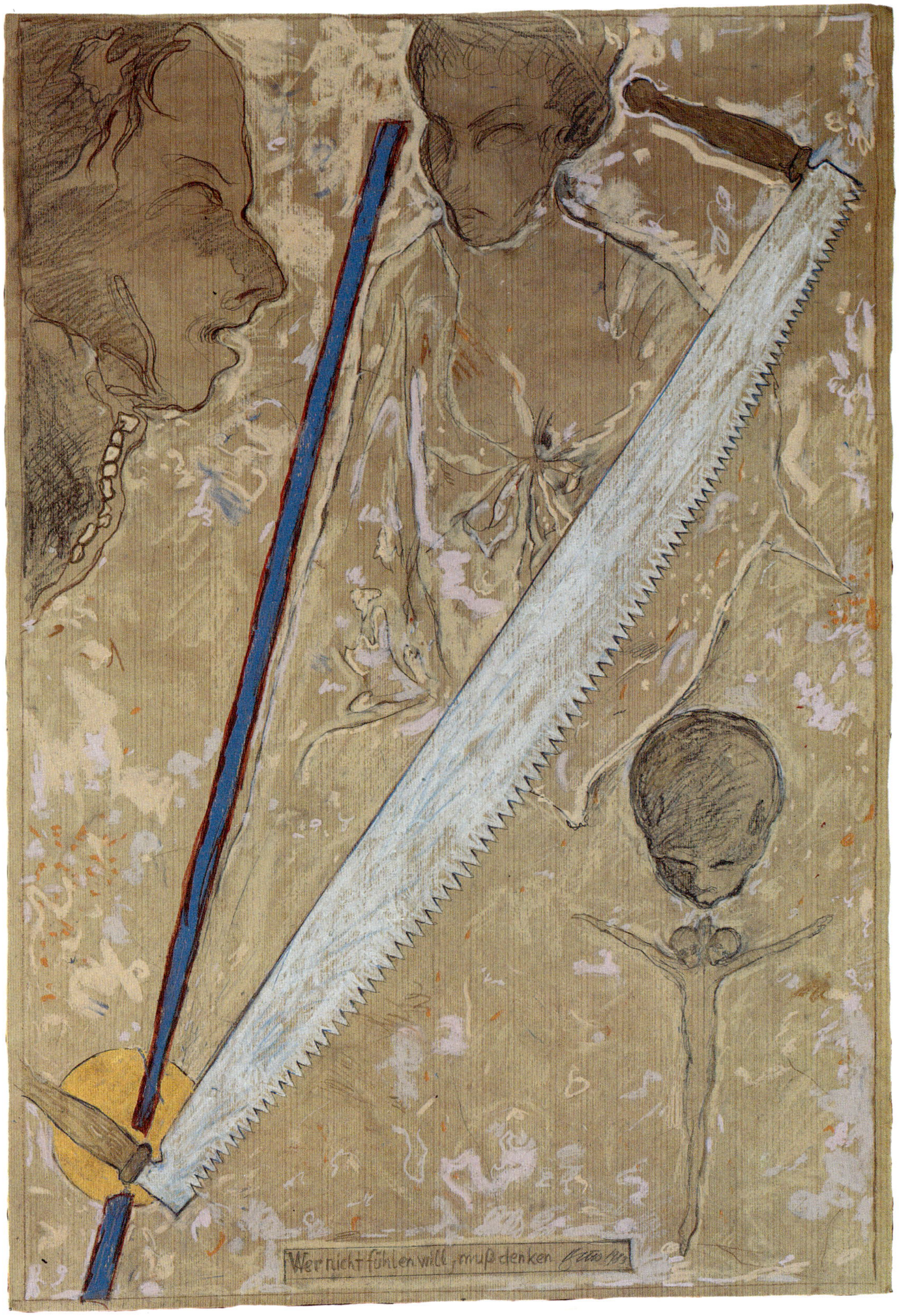

82 WER NICHT FÜHLEN WILL, MUSS DENKEN 1983

83 GESAMTWELTLIEBE STATT GESAMTKUNSTWERK 1983

84 VOR DEM ERREICHEN DER HOFFNUNGSGRENZE 1983

85 DER MENSCH, DAS NULLTE TIERKREISZEICHEN 1983

86 FAHLER FRÜHLING 1984

87 EIGENBLUTVERZICHT 1983

88 WENN ETWAS NICHT VORHANDEN, DANN GEBIERT MAN DAS DÜSTERSTE: . . . 1983

89 NEUER SCHILFGESANG: . . . 1983

90 DIE ANDACHT BRAUCHT ZWEI VON DEN RÄUMEN: . . . 1984

91 SIMULACRA-BLÜTEN 1984

92 ROTER SCHNEE 1981

93 STRAHLUNGSBALLETT 1984

94/1 NR. 1 DER BILD-DICHTUNG TRUNKENE TRIEBE 1983

94/2 NR. 2 DER BILD-DICHTUNG TRUNKENE TRIEBE 1983

94/3 NR. 3 DER BILD-DICHTUNG TRUNKENE TRIEBE 1983

94/4 NR. 4 DER BILD-DICHTUNG TRUNKENE TRIEBE 1983

95 AUSLÖSCHUNGSKOSTÜME 1985

96 ANNI BRUS NACHTPORTRAIT 1985

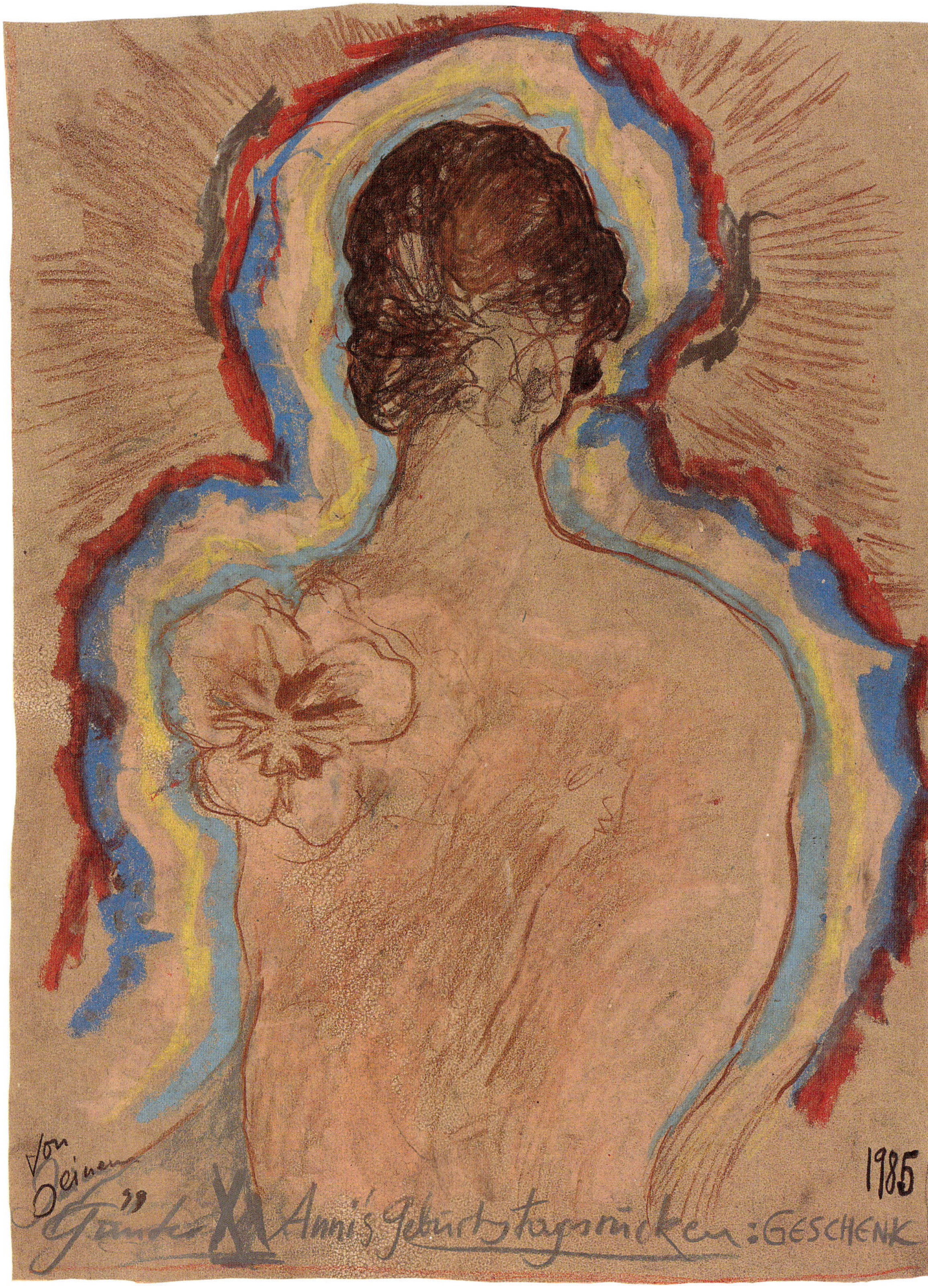

97 ANNIS GEBURTSTAGSRÜCKEN: GESCHENK 1985

98 FÜR MEINE TOCHTER, NUR FÜR SIE 1985

99 ERINNERUNG, DER SCHÖNERE TEIL DES LEBENS 1985

GERHARD ROTH

Günter Brus, der »Wirklichkeitsmensch«

Es ist die große Leidenschaft der Menschen, sich selbst zu vergessen, die eigene Unzulänglichkeit, das Wissen um den Tod, die Ängste und Selbstbeschuldigungen bis hin zum vollständigen Auslöschen der Existenz im Rausch, ohne deswegen tatsächlich ausgelöscht zu sein. Die Begegnung mit einem Kunstwerk ist eine Art ERWACHEN, ein Öffnen der Augen in eine geliebte oder gehaßte Welt, die sich während des Schlafs, der Bewußtlosigkeit WEITERGEDREHT hat, sie reißt aus der pflanzenhaften Welt des festen Standpunkts heraus, sie ist der Wind, der die Samenkörner über die kalten Berggipfel weht . . . Wenige Künstler der Gegenwart erfüllen diesen Gedanken so wörtlich wie Günter Brus. Er ist eine Art doppelgesichtiger Carrolscher Hase, der nie Zeit hat, jedoch immer da ist oder nie da ist, aber immer Zeit hat, statt der Taschenuhr trägt er eine Einkaufstasche mit Papier, Bleistift, Buntstiften und Briefen, die eingetroffen sind oder die er zur Post trägt. Sein Denken ist, obwohl klar, geprüft und gereift, von der Kindheit erfüllt, den Schrecknissen und Phantastereien, er ist die Münze mit den zwei verschiedenen Prägungen KOPF und ZAHL, Irrealität und Realität, und hat sie doch in eines verschmolzen. Sein entschlossener Schritt wird zaudernder, wenn die Nase die Nähe eines geliebten Gastgartens wittert, das imaginäre Auge ihm die Welt in der Nußschale an einem Biertisch vorgaukelt. Im Gasthaus des Vaters hat Brus als Kind zu zeichnen begonnen, das Gastzimmer war ihm der *selbstverständlichste* Ort zu zeichnen — er ist ein selbstverständlicher Ort geblieben. Ich habe Brus nie UNTÄTIG gesehen, seine Untätigkeit war stets mit der Tätigkeit des Grants, der Hingabe an die schlechte Laune verbunden, der Hingabe an den seelischen Schmerz oder eine erlittene Verletzung oder der Hingabe an Lebensfreude, die sich in funkelnder Redelust, überschäumender Phantasie und zappelphilipp-artiger Unruhe äußert. Er ist kein Mann der halben Sachen, das Prinzip lautet ENTWEDER–ODER. Mit dem direkten Zugriff des wachen Kindes kommt er zur Sache, auch mit der unvorsichtigen Rücksichtslosigkeit, das Bedenken weicht der Kraft des Augenblicks, die er spürt wie einen magnetischen Blitz oder blankes Eis. Das hervorstechendste Merkmal seiner Natur wie seiner Kunst ist die Lebendigkeit, er selbst und seine Kunst sind von der Aura der Energie umstrahlt. Könnten Kunstwerke leuchten, so müßten Galerien und Museen, in denen Brus-Bilder hängen, zu brennen anfangen, könnten Gedanken die Luft bewegen, so müßte es in einem Raum, in dem Brus sitzt, stürmen und Bilder wie bunte Herbstblätter durch die Luft strömen. Selbstredend kann er nur ein Mann der Auseinandersetzung sein, nicht der Kontemplation. Was er sucht und bietet, ist Atem, Blut, Heftigkeit, die Leidenschaft des Sicherinnerns anstatt der Leidenschaft zu vergessen, auch wenn ihm letztere nicht fremd ist, nur daß er die Leidenschaft des Vergessens mit einer ebensolchen Heftigkeit betreibt wie die des Sicherinnerns. Der Tag MUSS ein Abenteuer sein oder MUSS vergessen werden; gibt es kein Abenteuer, so erfindet er es, bis es erscheint. So sind Gespräche mit ihm immer versteckte Geisterbeschwörungen, die schlafenden Kobolde und Dämonen des Alltags zu wecken, sie herauszufordern. Wer vermutete in einem solch rastlosen Menschen die absolute Verläßlichkeit des nördesten Norddeutschen? Die selbstverständliche Fairneß eines britischen Gentleman (wenn er seiner Herr ist)? Die Treue zu Künstlern vergleichbar Eigernordwandbesteigern? (Das eigenwillige, unfolgsame Kind, das zur Verblüffung aller auch die guten Eigenschaften des Vorzugsschülers besitzt, weshalb er selten in den Umkreis der Boheme kommt.) Er ist der GETRIEBENE, der GEHETZTE, der ewigschnüffelnde Hund, der sich mitunter am Kachelofen ausrastet. Aber selbst, wenn man vermutet, er raste sich aus, zappeln und zucken die Gliedmaßen, blinzeln die Augen, ist der Kopf mit GETRÄUMTEN AUSEINANDERSETZUNGEN beschäftigt . . . nahtlos geht die Hetzjagd auf der anderen Seite weiter. Nie ist er ein harmloses Tier, um bei diesem Vergleich zu bleiben, immer ein seltenes Exemplar, immer nicht ganz ungefährlich, leicht zuschnappend ohne deswegen gleich bösartig zu sein. Man muß seinesgleichen sein oder mit ihm umgehen können. Er ist giftig: Ohne Gift keine Bilder, kein Traum, kein Tod, kein Rausch, keine Medizin. Sein Gift enthält von allem, vom Glimmerschiefer, der Lachtaube und dem Buschwindröschen, von der salzigen Flüssigkeit, die durch Lachen wie durch Trauer hervorgerufen wird. Er ist sich des inneren und äußeren Kosmos, der ihn umgibt, bewußt, er ist sich über die Spiegelbilder dieser Kosmen in seinem Körper im klaren. Milliarden Zellverbände, die seinen Körper bilden, sind nur Spiegelungen der Galaxien, die Blutkörperchen huschen wie Insekten durch das Geäder, in seinem Kopf schneit es. Dieser seltsame Mensch, der auf der Lauer nach den Energien seines Körpers liegt, der ihm gierig Energien einzuleiben versucht, muß bestimmte Eigenschaften besitzen, die nicht alltäglich sind. Daß ein Mensch fliegen kann, ist nicht so selten, wie man denkt, noch häufiger kommt es vor, daß einer sich in Luft auflösen kann, wie aber ist es möglich, daß jemand Innen und Außen, Tag und Nacht, Vorstellung und Wirklichkeit nach Wunsch vertauschen und auf diese Weise in *eines* verwandeln, besser gesagt zurückverwandeln kann. Künste dieser Art beliebte man lange Zeit dem Teufel zuzuschreiben, Hexen, Schamanen . . . aber ein Teufel im 20. Jahrhundert, wo käme er vor, außer in russischen Romanen oder in den Köpfen furchtsamer Betschwestern? Auch die Gestalt wundertätiger, gestrenger Engel scheint mir überstrapaziert, es bleibt also nur der Schluß übrig, daß es sich um einen Menschen handelt. Um einen Menschen? Gibt es den? Wer hat einen Menschen gesehen? Die Tür geht auf und ein Mensch erscheint. Man spürt es sofort, wenn ein Mensch erscheint, es ist nur der Umgang mit Menschen verlorengegangen.

Es ist ein einfacher Mensch. Er trinkt Bier, er raucht hastig, er kann nicht still sitzen. Seine Augen blitzen. Er wartet darauf, daß der Fußboden sich öffnet und eine Krake ihre Tentakel in den Raum gleiten läßt und versucht, die Bewohner zu umschlingen und zu verzehren. Das kann ihn nicht überraschen. Statt dessen tickt nur die Uhr. Draußen auf der Straße explodiert der Asphalt und die halbe Stadt wird zum Himmel geschleudert, ein vergessener Vulkan spuckt Feuer. Auch wenn nur einige Betrunkene vorüberlallen, so wäre es doch im nächsten Augenblick möglich, daß alles in die Luft fliegt. Auf dem Heimweg bleibt er an der Milchstraße kleben wie eine Fliege an einem klebrigen Fliegenfänger. Die Sterne lähmen seinen Flügelschlag, sie nehmen ihm die Kraft, sie töten ihn. Am nächsten Morgen erwacht er erschlagen zu neuem Leben. Zu welchem Leben? Ist er eine Eidechse, ein Brandvogel, eine Hornisse? Sein Körper schmerzt, sein Kopf revoltiert, er ist ein Mensch. Er summt nicht wie eine Hornisse, bellt nicht wie ein Hund, zwitschert nicht wie ein Brandvogel, aber er spricht auch nicht wie »die Menschen«. Was er sagt, ist ernst gemeint. Ich kenne niemanden, der den Spaß so ernst meint, ohne ernsthaft zu werden. Die Sprache wird gesattelt, zerschmolzen, verbogen, verdoppelt, verdreifacht, verhundertfacht, in Bruchteile zerlegt, die Sprache wird gemahlen, am Ohr gezogen, ausgelacht, geküßt und ausgestopft. Es kommt ein Elefant mit Schnurrbart und einem Bügeleisenkopf vorbei, der den Kaiser von China zu scheißen in der Lage ist, eine Taschenuhr hat einen Kropf, ein Stein verrät Kochrezepte — kurz, das Pferd sattelt den Fliegenpilz, der die Tochter des Zahnarztes ist, welcher wiederum ein Verwandter des HUFRATES Steigbügel ist, bei welchem besagtes Pferd ein Mitglied des Gestütes zu sein die Ehre hat. Aber mitten in die Steigbügeleien und Fliegenpilzereien tritt der Alltag mit einem schmerzhaften Tritt in Form eines Telefonanrufes, Zeitungsberichtes, Erlagscheines, eingeschriebenen Briefes, nicht eingelösten Versprechens etc. Nun hängt die Lampe so schwerfällig von der Decke, die Vorhänge sind gleichgültig, die Fensterscheiben dumm. Der Fußboden wird einen gewiß überleben, die Fotografien an den Wänden verhöhnen einen. Man kann nicht einmal den Zauber der physikalischen Gesetze in ihnen sehen, die Schwerkraft, die Spiegelung, die Schallwellen sind weniger *entzaubert* als *entschwunden.* Wahrscheinlich gibt es diese physikalischen Gesetze gar nicht. Vermutlich stellt sich so die Ameise den Menschen vor, der mit dem Spazierstock im Haufen wühlt, denkt Brus, oder der Pilz mit seinem riesigen Sternenzelt unter dem Hut den Sammler, der ihn pflückt. Als Gesetz, als Kraft. Wir haben zur Willkür (= Kür des Willens, nicht PFLICHT) keinen Zugang, obwohl wir sie fortlaufend erleben. Daher die Lust, die Willkür zum Gesetz zu machen. Es ist schwer, die Willkür zum Gesetz zu machen. Die Willkür spaltet sich in immer kleinere Teile, nimmt ein immer beliebigeres Aussehen an, wie soll man daraus ein Gesetz lesen können.

Der Mensch weiß es nicht, aber er spürt es. Er sieht die Ordnung der Willkür und leitet daraus das Gesetzbuch des Zufalls ab, das Gesetzbuch der Freiheit. Dieses Gesetzbuch der Freiheit ist das Gesetzbuch des Handelns für den »Menschen«. Er kennt nur das Verbot der inneren Notwendigkeit, das aber gleichzeitig ein Gebot ist. Brus' Kunst ist daher nicht die Kunst des Poeten, des Phantasten gar, das hieße, er habe Dir etwas VORGETRÄUMT und Du habest inzwischen gewacht, die Wirklichkeit bewacht, der er den Rücken zugekehrt hat: Nein, es ist umgekehrt: Du hast geschlafen und er weckt Dich auf. Je nach Laune weckt er Dich mit einem Schlag ins Gesicht oder indem er Deinen Namen ruft oder indem er Dich wachküßt. Wenn Du nicht tot bist, öffnest Du die Augen und SIEHST.

BIOGRAPHIE

1938 geboren in Ardning (Österreich)
1953—1957 in Graz (Kunstgewerbeschule)
1957 in Wien (Akad. f. angew. Kunst, Prof. Bäumer)
1960 vorzeitiger Austritt aus der Akademie
1961 neunmonatiger Militärdienst. Erste Ausstellung (mit A. Schilling)
1964 begründet mit Muehl, Nitsch und Schwarzkogler den »Wiener Aktionismus«
1966 Teilnahme am »destruction in art symposium«, London
1968 Aktion »Kunst + Revolution«, Universität Wien. (Zwei Monate in Untersuchungshaft. Wird von einem Geschworenengericht zu sechs Monaten Arrest verurteilt. »Herabwürdigung der österreichischen Symbole und Verletzung der Sittlichkeit und Schamhaftigkeit«)
1969 Berufungsgericht: ein Monat Strafnachlaß und Verschärfung der Reststrafe durch Fasttage und harte Lager. Flieht mit seiner Familie nach Berlin
1970 Letzte Aktion »Zerreißprobe«, München
1971 Der Roman »Irrwisch« erscheint. Ausstellung »Handzeichnungen«, Galerie Michael Werner, Köln
1972 Teilnahme an der »documenta 5« in Kassel
1974 gründet mit Arnulf Meifert das »I. Deutsche Trivialeum«
1976 Audienz Anni Brus' beim Bundespräsidenten. Umwandlung der Haftstrafe in eine Geldstrafe. Arnulf Meifert gründet den Verlag »Das Hohe Gebrechen« (Herausgabe von Brus-Werken)
Ausstellung »Zeichnungen und Schriften«, Kunsthalle Bern
1980 Teilnahme an »Kunst der 70er Jahre«, Biennale Venedig. Wanderausstellung »Bild-Dichtungen«. Whitechapel Art Gallery London, Kunstverein Hamburg, Kunstmuseum Luzern
1981 Schluß der Wanderausstellung, Kulturhaus Graz
1982 Teilnahme an der »documenta 7«, Kassel,
Teilnahme an der Biennale Sidney
1983 Teilnahme an »New Art«, Tate Gallery London. Das Buch »Stillstand der Sonnenuhr« erscheint (»protokolle«, Verlag Jugend und Volk)
1984 Der Roman »Die Geheimnisträger« erscheint (Residenz Verlag, Salzburg)
1985 Teilnahme an der »Nouvelle Biennale«, Paris
Ausstattung des Bühnenstückes »Erinnerungen an die Menschheit« von Gerhard Roth, Schauspielhaus Graz

EINZELAUSSTELLUNGEN

K = Katalog, P = Plakat

1965 »Malerei — Selbstbemalung — Selbstverstümmelung«, Galerie Junge Generation, Wien (K, P)
1971 »Handzeichnungen«, Galerie Michael Werner, Köln
1973 »Zeichnungen«, Galerie Grünangergasse, Wien (P)
»Fotos von Aktionen«, Galleria Diagramma, Mailand
1974 »Zeichnungen«, Galerie Krauthammer, Zürich
»Fotos von Aktionen«, Studio Morra, Neapel
»Der Vollschmerz«, Galerie Springer, Berlin
1975 »Das Namenlos«, Galerie Wiener & Würthle, Berlin
»Der Vollschmerz und Arbeiten von 1973 und 1975«, Galerie Van de Loo, München (K)
»Nachtfreudenwalzer«, Galerie Grünangergasse, Wien
1976 »Nachtfreudenwalzer (1. Fassung)«, Galerie Stummer und Hubschmid, Zürich
»Auszüge aus dem laufenden Werk«, Galerie Gaëtan, Carouge, Genève (K)
»Zeichnungen«, Galerie Klein, Bonn
»Brus-Werke«, Galerie Kalb, Wien (P)
»Zeichnungen und Schriften«, Kunsthalle Bern (K, P)
1977 »Zeichnungen, Bücher und Mappenwerke«, Galerie A, Amsterdam
»Bilder aus Gebenedeitanien«, Galerie Springer, Berlin
»Die Gärten in der Exosphäre«, Galerie Van de Loo, München (P)
»Herzeigung«, Galerie Jörg Stummer und Galerie Gysin, Zürich (P)
1978 »Die Pracht der hellsten Freude«, Goethe-Institut, Amsterdam (K)
»Amorphophallus Titanum«, Studio Morra, Neapel (K)
1979 »Franz Schreker: Die Gezeichneten«, Oper, Städelsches Kunstinstitut und Städtische Galerie, Frankfurt a. M. (K, P)
»Reizfluten«, Galerie Heike Curtze, Wien (K)
»Franz Schreker: Die Gezeichneten«, Staatsoper und Galerie Heike Curtze, Wien
»Bild-Dichtungen«, Whitechapel Art Gallery, London, Kunstverein Hamburg und Kunstmuseum Luzern (K, P)
»Bild-Dichtungen«, Galerie Heike Curtze, Düsseldorf
»Des Knaben Wunderhorn«, daad galerie, Berlin (K, P)

1980 »Schädelschrei-Romantik«, Galerie Van de Loo, München
»Augenmusik«, Galerie Heike Curtze, Düsseldorf
»Augenmusik b — Trugschattengewächse«, Galerie Bloch, Innsbruck
1981 »Bild-Dichtungen«, Kulturhaus Graz (K, P)
»Traumentziehungskur«, Galerie Heike Curtze, Wien (K)
»Weisser Wind«, Galerie Jörg Stummer, Zürich (K)
1982 »Unruhe nach dem Sturm«, Galerie A, Amsterdam
»Blaues Herz im Nerveninfernal«, Galerie Zell am See
»Zyankal-Zyklamen«, Galerie Van de Loo, München (K)
1983 »Rasende Geduld«, Maximilianverlag Sabine Knust, München (K)
»Lichtsprache — Le langage de la lumière«, Galerie Farideh Cadot, Paris (P)
»Die Gärten in der Exosphäre und andere Bild-Dichtungen«, Rupertinum Salzburg (P)
»Blindes Brot«, Petersen Galerie, Berlin (K, P)
»Trunkene Triebe«, Galerie Heike Curtze, Düsseldorf (K)
1984 »Horchposten des Pulsschlags«, Galerie Jörg Stummer, Zürich
»Sonata Domestica«, Galerie Bleich-Rossi, Graz (K, P)
»Augensternstunden«, Van Abbemuseum, Eindhoven (K, P)
»Franz Schreker: Die Gezeichneten«, Rupertinum Salzburg (P)
»La Croce del Veneto«, Galerie Heike Curtze, Wien (K)
»Eisblut, blauer Frost«, Ausstellungsraum Edition Hundertmark, Köln (K)
1985 »Astres de la nuit — Nachtgestirne«, Galerie Maeght Lelong, Paris (P)
»Eisblut, blauer Frost«, Galerie A, Amsterdam
»Bühnenbild- und Kostümentwürfe zu G. Roth: Erinnerungen an die Menschheit«, Kulturhaus Graz (K, P)

»Abendwerke und Nachtarbeiten«, Galerie Jörg Stummer, Zürich

GRUPPENAUSSTELLUNGEN (Auswahl)

1961 »Aktionsmalerei«, mit Alfons Schilling, Galerie Junge Generation, Wien
1972 »documenta 5«, Kassel
»The Berlin Scene«, Gallery House, London
1975 »Bodyworks«, Museum of Contemporary Art, Chicago
»Junggesellenmaschinen«, Bern, Paris, Brüssel, Amsterdam, Wien
1978 »13° E: 11 Artists working in Berlin«, Whitechapel Art Gallery, London
1979 »Attersee und Brus«, Galerie Heike Curtze, Düsseldorf/Wien, und Kulturhaus Graz
1980 »Kunst der 70er Jahre«, Biennale Venedig
1981 »Westkunst«, Rheinhallen, Köln
1982 »documenta 7«, Kassel
»Biennale« Sidney
»Gott und Geißel«, Kunstverein Bonn und Kunstverein München
1983 »Todesbilder«, Kunstverein Hamburg und Städtische Galerie im Lenbachhaus, München
»New Art«, Tate Gallery, London
1984 »Brus, Nitsch, Rainer«, Galerie Maeght Lelong, Zürich
»Brus, Muehl, Nitsch — Vom Informel zum Aktionismus«, Archiv des Wiener Aktionismus, Friedrichshof
»Arte Austriaca 1960—1984«, Galleria d'Arte Moderna, Bologna
»Ouverture«, Castello di Rivoli, Turin
»Brus, Nitsch, Rainer«, Gallery Gladstone, New York
1985 »Nouvelle Biennale«, (Gemeinschaftsarbeiten Brus/Rainer), Paris
»Rennweg«, mit Attersee, Nitsch, Pichler, Rainer, Castello di Rivoli, Turin

GRAPHIK-EDITIONEN

»Nachtquartett«, Radierungsmappe, Galerie Heike Curtze, Wien/Düsseldorf und Edition Sabine Knust München 1982
»Große Erdangst«, Aquatinta-Zyklus, Crown Point Press Oakland California 1982
»Die Botschaft« (Mappe mit Radierungen aus dem Jahre 1972), Edition Hundertmark, Köln 1983
»7 Radierungen zu Gerhard Roth: Landläufiger Tod«, Galerie Heike Curtze, Düsseldorf/Wien und Maximilianverlag Sabine Knust, München 1984
»Ana« (Dokumentation einer Aktion aus dem Jahre 1964), Galerie Heike Curtze, Düsseldorf/Wien und Galerie Krinzinger, Innsbruck 1984

»Kobold — La dame et le lutin« (Lithographiemappe), daniel lelong éditeur Paris und Galerie Heike Curtze, Düsseldorf/Wien 1985
»Selbstbemalung I« (Dokumentation einer Aktion aus dem Jahre 1965), Galerie Heike Curtze, Düsseldorf/Wien und Galerie Krinzinger, Innsbruck 1985

FILME (Auswahl)

1965 »Starrkrampf«, 8 mm, Kamera Muehl
»Transfusion«, 8 mm, Kamera Muehl
»Wiener Spaziergang«, Kamera Muehl
»Selbstverstümmelung«, 8 mm, Kamera Muehl
1967 »Einatmen + Ausatmen«, 16 mm, Kamera Kronberger
»Pullover«, 16 mm, Kamera Kronberger
»Osmose«, 16 mm, Kamera Kronberger
1968 »Satisfaction«, mit Muehl und Schwarzkogler, 16 mm, Kamera Kronberger
1969 »Impudenz im Grunewald«, mit Bauer, 16 mm, Kamera Mülder und Wiener
»Intelligenztest«, 8 mm, Kamera Merseburger
»Körperanalyse 1«, 16 mm, Kamera Merseburger
1970 »Zerreißprobe«, 16 mm, Kamera W. Schulz

MUSIK

T = Tonband, Sch = Schallplatte, P = Programmheft, Pl = Plakat

»Klavierstück«, St. Moritz 1962 (T)
›Selten gehörte Musik‹:
»Das Münchner Konzert« mit Nitsch, Roth, Rühm, Wiener. Lenbachsaal München, 1974 (Sch, Pl)
»Das Berliner Konzert« mit Attersee, Nitsch, Rainer, Roth, Rühm, Steiger, Wiener. Kirche zum Heiligen Kreuz, Berlin 1974 (Sch, P, Pl)
»Das Hamburger Konzert« mit Nitsch, Roth, Rühm, Wiener. Hamburger Druckerei, Hamburg 1974 (T)
»Das Karlsruher Konzert« mit Nitsch, Roth, Wiener. Akademie der bildenden Künste, Karlsruhe 1975 (T, Pl)
»Streichquartett« (Romenthalquartett) mit Nitsch, Roth, Rühm. Diessen/Ammersee 1975 (Sch)

THEATER

»Der Frackzwang«, Bühnenstück mit Musik in 4 Akten, 1976
Ausstattung (Kostüme und Bühnenbilder) für »Erinnerungen an die Menschheit« (28 Szenen) von Gerhard Roth, Schauspielhaus Graz 1985

SELBSTVERLAG

»Die Schastrommel« (Organ der Österr. Exilregierung)
Nr. 1, Bolzano 1969
Nr. 2, Bolzano 1970
Nr. 3, Bolzano 1970
Nr. 4, Bolzano 1971
Nr. 5, (Nitsch: harmating ein fest), Bolzano 1972
Nr. 6, Bolzano 1972
Nr. 7, Bolzano 1972
Nr. 8a, (Brus-Aktionen 1964—1966), Bolzano 1972
Nr. 8b, (Brus-Aktionen 1967—1968), Bolzano 1972
Nr. 8c, (Brus-Aktionen 1969—1970), Bolzano 1972
Nr. 9, (1. Berliner Dichterworkshop), Bolzano 1973
Nr. 10, (Brus: Das Licht ist der Schmutz der Sonne), Bolzano 1973
Nr. 11, (Peter Kubelka filmt Arnulf Rainer), Bolzano 1973
Nr. 12, (Steiger: Biometrische Texte 1—174), Bolzano 1974
»Die Drossel«
Nr. 13, (Katastrophenvermessung), Berlin 1975
Nr. 14, (Brus: Das Namenlos), Berlin 1975
Nr. 15, (Nitsch: Partitur der 50. Aktion), Berlin 1976
Nr. 16, (Brus: Circannual), Berlin 1976
Nr. 17, (Nitsch: die eroberung von jerusalem), Berlin 1977

BIBLIOGRAPHIE

»Patent Urinoir«, Selbstverlag Wien 1968
»Patent Merde«, Selbstverlag Wien 1969
»Unter dem Ladentisch«, Selbstverlag Berlin 1969
»Irrwisch«, Kohlkunstverlag Frankfurt/Main 1971
»Handzeichnungen 1969—1971«, Verlag Gebr. König Köln/New York 1971
»Aktionen 64—66«, Selbstverlag (Die Schastrommel 8a) Berlin 1972
»Aktionen 67—68«, Selbstverlag (Die Schastrommel 8a) Berlin 1972
»Aktionen 69—70«, Selbstverlag (Die Schastrommel 8a) Berlin 1972
»Nachtfreudenwalzer«, Selbstverlag Berlin 1975
»Das Namenlos«, Selbstverlag (Die Drossel Nr. 14) Berlin 1975
»Circannual«, Selbstverlag (Die Drossel Nr. 16) Berlin 1976
»Jeden jeden Mittwoch«, mit Dominik Steiger, Edition Hundertmark Berlin 1977
»Das Aulicht«, Fey Verlag Stuttgart 1977
»Die Pracht der hellsten Freude«, Goethe-Institut Amsterdam 1978

»Amorphophallus Titanum«, Studio Morra Neapel 1978
»Franz Schreker: Die Gezeichneten«, Oper Frankfurt/Main, Städelsches Kunstinstitut und Städt. Galerie 1979
»Weisser Wind«, Galerie Jörg Stummer Zürich 1980
»Traumentziehungskur«, Galerie Heike Curtze Düsseldorf/Wien 1981
»Die Herbsttrompete« (Separatdruck der ›protokolle‹) Verlag Jugend und Volk Wien/München 1981
»Zyankal-Zyklamen«, Galerie Van de Loo München 1982
»Rasende Geduld«, Maximilianverlag München 1983
»Stillstand der Sonnenuhr« (›protokolle 83/2‹) Verlag Jugend und Volk Wien/München 1983
»Die Geheimnisträger«, Residenz Verlag Salzburg 1984
»Die Wundharmonika«, Van Abbemuseum Eindhoven 1984
»Die Ruine«, repères — daniel lelong éditeur, Paris 1985

Verlag Das Hohe Gebrechen, Altona/Hohengebraching:
»Hohes Gebrechen«, 1976
»Der Frackzwang«, 1976
»Geschichte aus dem Sommerhaus«, 1977
»Farbige Zeichnungen aus den Jahren 1970—1977«, 1977
»Gestirn-Abzeichen«, 1978
»Die Falter des Vorschlafs«, 1978
»Die Gärten in der Exosphäre«, 1979
»Das Rufwort«, 1979
»Wandelsterne«, 1980
»Hermann Nitsch: Ordensregeln« bebildert von G. Brus, 1981

EDITIONEN

Edition Hundertmark, Berlin/Köln:
»Körperanalyse«, 1970
»Der Balkon Europas«, 1972
»Die Neue Dekadenz«, 1972
»Art des Giftes, Dauer der Vergiftung, Sitz der Schmerzen«, 1973
»Zerreißprobe«, 1974
»Der Blaue Wald«, 1975
»Gedankenrast«, 1977
»Phantom-Paläste«, 1979
»Euphorismen«, 1981
»Endlagerung«, 1982
»Die Botschaft«, 1983
»Eisblut, blauer Frost«, 1984
»Stichstahl«, 1985

VERZEICHNIS DER ABBILDUNGEN

1
»Ohne Titel« 1960
Aktionsmalerei, Dispersion auf Papier, 125 X 84 cm
Privatsammlung

2
»Ohne Titel« 1963
Aktionsmalerei, Dispersion auf Molino, ca. 190 X 350 cm
(zerstört)

3
»Ohne Titel« 1963
Aktionsmalerei, Dispersion auf Molino, ca. 190 X 400 cm
(zerstört)

4
»Ohne Titel« 1962
Tusche auf Papier, 45 X 62,5 cm
Privatsammlung

5
Aktion »Selbstbemalung« 1965
Wien, Perinetkeller
Foto: Hoffenreich

6
Aktion »Selbstbemalung« 1965
Wien, Perinetkeller
Foto: Hoffenreich

7
»Aktion in einem Kreis« 1966
Wien, Perinetkeller
Foto: Hoffenreich

8
Ausstellungsplakat 1965
Offset, 43 X 60,7 cm

9
»Ohne Titel« 1960
Aktionsmalerei, Dispersion auf Papier, 247 X 180 cm
Sammlung Friedrichshof

10
Aktion »Ana« 1964
Wien, Atelier Muehl, Obere Augartenstraße
Foto: Muehl

11
Aktion »Ana« 1964
Wien, Atelier Muehl, Obere Augartenstraße
Foto: Muehl

12
Aktion »Zerreißprobe« 1970
München, Aktionsraum 1
Foto: Eschen

13
Buchumschlag 1971
»Irrwisch«, Kohlkunstverlag Frankfurt/Main 1971
Offset, 29,5 X 20,5 cm

14
»Region der Schutzengel« 1974
Buntstift auf Papier, 20,9 X 29,7 cm
Privatsammlung

15
»Huysmans im Sterbestundenzimmer« 1974
Buntstift auf Papier, 21 X 29,7 cm
Privatsammlung

16
»Denkmal für Praxis + Theorie« 1975
Buntstift, Graphit auf Papier, 29,5 X 41,1 cm
Privatsammlung

17
»Ohne Titel« 1975
Buntstift, Kreide auf Papier, 27,3 X 39 cm
Privatsammlung

18
»Omdn« 1975
Buntstift auf Papier, 29,5 X 21 cm
Besitz des Künstlers

19
»Frei von Kraft und Schwäche« 1975
Buntstift auf Papier, 29,5 X 21 cm
Besitz des Künstlers

20
»Zeichnung« 1976
Buntstift, Graphit auf Papier, 39,9 X 29,6 cm
Privatsammlung

21
»Anno Innozent« 1978
Buntstift auf Papier, 29,7 X 21 cm
Besitz des Künstlers

22
»Ingang« 1978
Buntstift auf Papier, 29,5 X 39,7 cm
Maro und Jochen Jung, Salzburg

23
»Nimmermeer« 1976
Buntstift, Graphit auf Papier, 29,7 X 39,9 cm
Privatsammlung

24
»Der Weg nach Kabul« 1977
Buntstift auf Papier, 39,7 X 29,7 cm
Besitz des Künstlers

25
Aktion »Selbstverstümmelung« 1965
Wien, Perinetkeller
Foto: Hoffenreich

26
Aktion »Wiener Spaziergang« 1965
Wien
Foto: Hoffenreich

27
»Aktion in einem Kreis« 1966
Wien, Perinetkeller
Foto: Hoffenreich

28
»Aktion mit Diana« 1967
Wien, Atelier Brus, Adalbert-Stifter-Straße
Foto: Kren

29
Plakat 1968
Handsiebdruck des Künstlers, 99,5 × 69,6 cm

30
Aktion »Kunst und Revolution« 1968
Wien, Universität
Foto: Kasaquh

31
Plakat 1970
Siebdruck, 86 × 61 cm

32
»Ohne Titel« 1966 (Ausschnitt)
Tusche auf Papier, 29,5 × 21 cm
Besitz des Künstlers

33
»Ohne Titel« 1966
Tusche auf Papier, 29,5 × 21 cm
Besitz des Künstlers

34
»Ohne Titel« 1966
Tusche auf Papier, 29,5 × 21 cm
Besitz des Künstlers

35
»Ohne Titel« 1966
Tusche auf Papier, 29,5 × 21 cm
Besitz des Künstlers

36
»Ohne Titel« um 1967
Tusche auf Papier, 21 × 20 cm
Privatsammlung

37
»Ohne Titel« 1967
Tusche, Graphit auf Papier, 21 × 20 cm
Museum moderner Kunst Wien

38
»Eine Stunde Ruhelage« 1971
Aktionsentwurf (67)
Graphit auf Papier, 29,5 × 20,8 cm
Privatsammlung

39
»Ohne Titel« 1970
Graphit auf Papier, 29,5 × 20,8 cm
Privatsammlung

40
Blatt 1c aus dem »Kuhzyklus« 1971
Graphit auf Papier, 29,8 × 21,5 cm
Privatsammlung

41
»Ohne Titel« 1970
Graphit auf Papier, 29,6 × 21,1 cm
Privatsammlung

42
»La Croce del Veneto«, Entwurfszeichnung 1974
Buntstift, Graphit auf Papier, 80 × 150 cm
Museum moderner Kunst Wien

43/1
»Cipresse d'Asolo« (Nr. 1 Zyklus »La Croce del Veneto«)
1973/1974
Buntstift, Tempera auf Holz, 130 × 90 cm
Museum moderner Kunst Wien

43/2
»Kardinal des Südens« (Nr. 2 Zyklus »La Croce del Veneto«)
1973/1974
Buntstift, Tempera auf Holz, 130 × 90 cm
Museum moderner Kunst Wien

43/3
»D'Annunzios Grabmal« (Nr. 3 Zyklus »La Croce del Veneto«)
1973/1974
Buntstift, Tempera auf Holz, 130 × 90 cm
Museum moderner Kunst Wien

43/4
»Bischofsmusik 1« (Nr. 4 Zyklus »La Croce del Veneto«)
1973/1974
Buntstift, Tempera auf Holz, 130 × 90 cm
Museum moderner Kunst Wien

43/5
»Villa Armena« (Nr. 5 Zyklus »La Croce del Veneto«)
1973/1974
Buntstift, Tempera auf Holz, 130 × 90 cm
Museum moderner Kunst Wien

43/6
»Bischofsmusik 2« (Nr. 6 Zyklus »La Croce del Veneto«)
1973/1974
Buntstift, Tempera auf Holz, 130 × 90 cm
Museum moderner Kunst Wien

43/7
»E. Duses Grabmal« (Nr. 7 Zyklus »La Croce del Veneto«)
1973/1974
Buntstift, Tempera auf Holz, 130 × 90 cm
Museum moderner Kunst Wien

43/8
»Kardinal des Nordens« (Nr. 8 Zyklus »La Croce del Veneto«)
1973/1974
Buntstift, Tempera auf Holz, 130 × 90 cm
Museum moderner Kunst Wien

43/9
»Fortezza d'Asolo« (Nr. 9 Zyklus »La Croce del Veneto«)
1973/1974
Buntstift, Tempera auf Holz, 130 × 90 cm
Museum moderner Kunst Wien

44
»Tiefenhysterie« 1980
Buntstift, Kreide auf Papier, 86,2 × 61,2 cm
Sammlung Prelinger

45
»Schweigezeit« 1979
Buntstift, Graphit auf Papier, 39,6 × 29,6 cm
Privatsammlung

46
»Rohe Natur der Kunst« 1982
Buntstift auf Papier, 39,4 × 30 cm
Privatsammlung

47
»Das verwirrt-verirrte Geschlecht« 1982
Buntstift, Kreide auf Papier, 41,9 × 29,5 cm
Privatsammlung

48
»Beschwerdebrief an die Schöpfung« 1982
Buntstift, Kreide auf Papier, 31,7 × 24 cm
Privatsammlung

49
»Das Warten auf den Besuch« 1982
Buntstift, Tempera, Kreide auf Papier, 29,5 × 41 cm
Privatsammlung

50
»Sterngeburt« 1979
Graphit auf Papier, 39,7 × 29,5 cm
Besitz des Künstlers

51
»E A P« 1975
Graphit auf Papier, 29,6 × 21 cm
Besitz des Künstlers

52
»E T A« 1975
Graphit auf Papier, 29,6 × 21 cm
Besitz des Künstlers

53
»Kalter Schrei« 1981
Graphit auf Papier, 39,8 × 30,3 cm
Privatsammlung

54/1
Nr. 1 der Bild-Dichtung »Traumentziehungskur« 1980
Graphit auf Papier, 30,4 × 20,7 cm
H. R. Giger, Zürich

54/2
Nr. 2 der Bild-Dichtung »Traumentziehungskur« 1980
Graphit auf Papier, 30,4 × 20,7 cm
H. R. Giger, Zürich

54/3
Nr. 3 der Bild-Dichtung »Traumentziehungskur« 1980
Graphit auf Papier, 30,4 × 20,7 cm
H. R. Giger, Zürich

54/4
Nr. 4 der Bild-Dichtung »Traumentziehungskur« 1980
Graphit auf Papier, 30,4 × 20,7 cm
H. R. Giger, Zürich

54/5
Nr. 5 der Bild-Dichtung »Traumentziehungskur« 1980
Graphit auf Papier, 30,4 × 20,7 cm
H. R. Giger, Zürich

54/6
Nr. 6 der Bild-Dichtung »Traumentziehungskur« 1980
Graphit auf Papier, 30,4 × 20,7 cm
H. R. Giger, Zürich

54/7
Nr. 7 der Bild-Dichtung »Traumentziehungskur« 1980
Graphit auf Papier, 30,4 × 20,7 cm
H. R. Giger, Zürich

54/8
Nr. 8 der Bild-Dichtung »Traumentziehungskur« 1980
Graphit auf Papier, 30,4 × 20,7 cm
H. R. Giger, Zürich

55
»Tote Nerven« 1983
Buntstift, Kreide auf Papier, 100 × 70 cm
Hochschule für angewandte Kunst, Wien

56
»Schwerer Halbschlaf im Giftwahn« 1982
Buntstift, Kreide auf Papier, 41,9 × 29,6 cm
Besitz des Künstlers

57
»Die Triebtäterin« 1982
Buntstift, Kreide auf Papier, 42 × 28,2 cm
Besitz des Künstlers

58
»Risiko des Denkens« 1982
Buntstift, Graphit auf Papier, 39,9 × 30 cm
Privatsammlung

59
»Bannbild« 1983
Buntstift, Kreide auf Papier, 86 × 61 cm
Privatsammlung

60
»Stratosphären-Überdruck« 1983
Buntstift, Kreide auf Papier, 88 × 63 cm
Galerie Heike Curtze Düsseldorf/Wien

61
»Grauer Gast (Gleichgewicht des Schreckens)« 1983
Buntstift, Kreide auf Papier, 100 × 70 cm
K. H. Kossdorf, Wien

62
»Abschied vom Rosenbäumchen« 1983
Buntstift, Kreide auf Papier, 39,5 × 29,9 cm
Privatsammlung

63
»Endlagerung des Langzeitjammers« 1983
Buntstift, Kreide auf Papier, 61 × 85,5 cm
Privatsammlung

64
»Wahlspruch der neuesten Gründerzeit, des Historizissimus:
Nachahmen ist Kunst, Neuschöpfung blauer Dunst!« 1983
Buntstift, Kreide auf Papier, 41,7 × 28,1 cm
Privatsammlung

65
»Euer Durchlaucht« 1983
Buntstift, Kreide auf Papier, 39,9 × 30 cm
Privatsammlung

66
»Selbstbildnis« 1984
Buntstift, Kreide auf Papier, 43 × 31,5 cm
Maro und Jochen Jung, Salzburg

67
»Weltenbrandfanal« 1984
Buntstift, Kreide auf Papier, 62 × 44 cm
Sammlung Claus Clément, Hamburg

68
»Huldigung an Anton von Webern« 1984
Buntstift, Kreide auf Papier, 39,3 × 29,8 cm
Privatsammlung

69
»Die Nacht des Goldfasans« 1980/1982
Buntstift, Kreide auf Papier, 40 × 30 cm
Billie und Hans Rauscher, Wien

70
»Die Natur benimmt sich« 1983
Buntstift, Kreide auf Papier, 40,9 × 29,6 cm
Privatsammlung

71
»Sterbstarre« 1983
Graphit, Buntstift, Tempera auf Papier, 88,1 × 62,7 cm
Landessammlung Rupertinum, Salzburg

72
»Das Herz« 1980
Buntstift, Kreide auf Papier, 120 × 80 cm
Galerie Heike Curtze Düsseldorf/Wien

73
»Die Venusfalle« 1981
Buntstift, Kreide auf Papier, 120 × 83 cm
Privatbesitz

74
»Beuteschrei, allerletzter« 1981
Buntstift, Kreide auf Papier, 120 × 78 cm
Landessammlung Rupertinum, Salzburg

75
»Bestattung im Eigenblut« 1981
Buntstift, Kreide auf Papier, 120 × 80 cm
Privatsammlung

76
»Watteaus Rache« 1983
Buntstift, Kreide auf Papier, 120 × 80 cm
Musée National d'Art Moderne, Centre Georges Pompidou, Paris

77
»Fragonards Rache« 1983
Buntstift, Kreide auf Papier, 120 × 80 cm
Besitz des Künstlers

78
»Polyphems Brille« 1983
Buntstift, Kreide auf Papier, 133 × 92 cm
F.N.A.C., Paris

79
»Horchposten des Pulsschlags« 1983
Buntstift, Kreide auf Papier, 120 × 80 cm
Privatsammlung

80
»Geophrasie« 1983
Buntstift, Kreide auf Papier, 123 × 84 cm
Galerie Heike Curtze Düsseldorf/Wien

81
»Stillstand der Sonnenuhr« 1983
Buntstift, Kreide auf Papier, 120 × 80 cm
Privatsammlung

82
»Wer nicht fühlen will, muß denken« 1983
Buntstift, Kreide auf Papier, 120 × 80 cm
Privatsammlung, Zürich

83
»Gesamtweltliebe statt Gesamtkunstwerk« 1983
Buntstift, Kreide auf Papier, 120 × 80 cm
Privatsammlung

84
»Vor dem Erreichen der Hoffnungsgrenze« 1983
Buntstift, Kreide auf Papier, 61,5 × 43 cm
Privatsammlung, Düsseldorf

85
»Der Mensch, das nullte Tierkreiszeichen« 1983
Buntstift, Kreide auf Papier, 61,5 × 43 cm
Privatsammlung

86
»Fahler Frühling« 1984
Buntstift, Kreide auf Papier, 87,5 × 62,5 cm
Besitz des Künstlers

87
»Eigenblutverzicht« 1983
Buntstift, Kreide auf Papier, 123 × 84 cm
Privatsammlung

88
»Wenn etwas nicht vorhanden, dann gebiert man das Düsterste: . . .« 1983
Buntstift, Kreide auf Papier auf Leinen aufgezogen, 158 × 249 cm
Sammlung Prelinger

89
»Neuer Schilfgesang: . . .« 1983
Buntstift, Kreide auf Papier auf Leinen aufgezogen, 158 × 248 cm
Privatsammlung

90
»Die Andacht braucht zwei von den Räumen: . . .« 1984
Buntstift, Kreide auf Papier auf Leinen aufgezogen, 156 × 120 cm
Galerie Heike Curtze Düsseldorf/Wien

91
»Simulacra-Blüten« 1984
Buntstift, Kreide auf Papier auf Leinen aufgezogen, 156 × 120 cm
Galerie Heike Curtze Düsseldorf/Wien

92
»Roter Schnee« 1981
Buntstift, Kreide auf Papier, 87 × 62,5 cm
Anni Brus

93
»Strahlungsballett« 1984
Buntstift, Kreide auf Papier auf Leinen aufgezogen, 156 × 250 cm
Galerie Heike Curtze Düsseldorf/Wien

94/1
Nr. 1 der Bild-Dichtung »Trunkene Triebe« 1983
Buntstift, Kreide auf Papier, 82,5 × 62 cm
Galerie Heike Curtze Düsseldorf/Wien

94/2
Nr. 2 der Bild-Dichtung »Trunkene Triebe« 1983
Buntstift, Kreide auf Papier, 82,5 × 62 cm
Galerie Heike Curtze Düsseldorf/Wien

94/3
Nr. 3 der Bild-Dichtung »Trunkene Triebe« 1983
Buntstift, Kreide auf Papier, 82,5 × 62 cm
Galerie Heike Curtze Düsseldorf/Wien

94/4
Nr. 4 der Bild-Dichtung »Trunkene Triebe« 1983
Buntstift, Kreide auf Papier, 82,5 × 62 cm
Galerie Heike Curtze Düsseldorf/Wien

95
»Auslöschungskostüme« 1985
Buntstift, Kreide auf Papier, 120 × 80 cm
Galerie Maeght Lelong, Paris

96
»Anni Brus Nachtportrait« 1985
Buntstift, Kreide auf Papier, 120 × 80 cm
Galerie Maeght Lelong, Paris

97
»Annis Geburtstagsrücken: Geschenk« 1985
Buntstift, Kreide auf Papier, 41 × 30 cm
Anni Brus

98
»Für meine Tochter, nur für sie« 1985
Buntstift, Kreide auf Papier, 46 × 37,5 cm
Diana Brus

99
»Erinnerung, der schönere Teil des Lebens« 1985
Buntstift, Kreide auf Papier, 42 × 32 cm
Besitz des Künstlers

VERZEICHNIS DER TEXTE